www.ingramcontent.com/pod-product-compliance
Lightning Source LLC
Chambersburg PA
CBHW071007080526
44587CB00015B/2380
9781778920219

بسم الله الرحمن الرحيم

« اَنتَ اَرحَم الراحمیّن الغفار للذَنبِ العظیم »

«این (قرآن) کتابی است پر خیر و برکت که آن را به سوی تو فرستادیم تا مردم در آیه‌هایش دقت کنند و خردمندان به خود آیند »

تقدیم به روح پدر بزرگوارم

که مدیون دعاهای خالصانه‌اش هستم

سرچشمه معرفت

جلد اول

نویسنده

نرگس دوراندیش

سریال کتاب: P2345510141
عنوان: سرچشمه معرفت ۱
پدید آورنده: نرگس دوراندیش
شابک: ISBN: 978-1-77892-021-9
موضوع: قرآن – عرفان - مذهب
مشخصات کتاب: صحافی مقوایی- A5
تعداد صفحات: 108
تاریخ نشر در کانادا: آگوست ۲۰۲۳

هر گونه کپی و استفاده غیر قانونی شامل پیگرد قانونی است.
تمامی حقوق چاپ و انتشار در خارج از کشور ایران محفوظ و متعلق به انتشارات می‌باشد.
Copyright @ 2023 by Kidsocado Publishing House
All Rights Reserved

Kidsocado Publishing House
خانه انتشارات کیدزوکادو
ونکوور، کانادا

تلفن: +1 (833) 633 8654
واتس آپ: +1 (236) 333 7248
ایمیل: INFO@KIDSOCADO.COM
وبسایت انتشارات: HTTPS://KIDSOCADOPUBLISHINGHOUSE.COM
وبسایت فروشگاه: HTTPS://KPHCLUB.COM

قوی سیاه فرهنگ ایران

آیا تا کنون یک قوی سیاه دیده‌اید؟

آیا شما هم باور دارید که تنها قوی سفید وجود دارد؟ باور به وجود قوی سیاه شاید دور از ذهن باشد؟ شاید هنوز یک قوی سیاه به چشم ندیده‌اید؟ قبل از کشف استرالیا هیچکس نمی‌دانست که قوی سیاه وجود دارد و همه خیال می‌کردندکه امکان‌پذیر نیست اما زمان کشف استرالیا قوی سیاه که قویی بسیار زیبا و کمیاب بود دیده شد. و بسیاری از مردم باور کردند که قوی سیاه نیز وجود دارد.

و ما، یعنی خانه انتشارات کیدزوکادو، قوی سیاه را در فرهنگ ایران بوجود آوردیم. قوی سیاهی که امکان وجود و باورش سخت بود.

هم‌زبانان ما نیز شاید از وجود یک انتشارات رسمی خارج از ایران که این امکان را به پدیدآورندگان یک اثر فرهنگی برای انتشار اثرشان در سراسر دنیا بدهد و همچنین دسترسی به کتاب فارسی را به علاقمندان کتاب در سراسر دنیا آسان کند، خبر نداشتند و انتشار و تهیه کتاب فارسی از یک بستر جامع مانند قوی سیاه غیر ممکن به نظر می‌رسید.

افتخار داریم که سهم کوچکی در گسترش فرهنگ غنی‌مان داریم و امکان انتشار آثار به فارسی و هر زبان دیگری را برای اولین بار برای نویسندگان فارسی‌زبان میسر کردیم. امکان جهانی‌شدن پیامشان و رسیدن صدایشان به دنیا را...

و اما برای ما غربت‌نشینان، سفارش کتاب فارسی از **آمازون** و یا هر وبسایت کتاب‌فروشی و دریافتاش درب خانه، لحظه گشودن آن بسته، بوی کتاب و ارتباط با زبان مادری بسان دیدن قوی سیاه شگفت انگیز است.

در رسالت ما یعنی، در دسترس گذاشتن سریع و آسان، آثار و فرهنگ غنی ایران و معرفی نویسندگان ایرانی به فرزندان ایران، به کتاب دوستان ایرانی و به تمام دنیا، همراه ما باشید.

بخوانید تا دنیا را احساس کنید.   Read the words feel the world.

خانه انتشارات کیدزوکادو

قوی سیاه برگرفته از کتاب قوی سیاه نوشته نسیم طالب

فهرست

مقدمه ۷

بخش اول

سفارشات خداوند به آداب رفتاری، عملی، گفتاری، فردی و خانوادگی و امور اجتماعی در جامعه ۱۱

فصل ۱:رعایت حقوق دیگران ۱۳

فصل ۲:کمک به دیگران (انفاق) ۲۵

فصل ۳: سفارشات خداوند برای نیکی به پدر مادر و خانواده ۳۵

فصل ۴: سفارش خداوند به نماز و روزه ۴۱

ادامه فصل ۴: سفارش خداوند به روزه ۴۹

فصل ۵: سفارش خداوند برای حلال‌ها و حرام ها ۵۳

فصل ۶: سفارش خداوند به اعمال نیک، فردی و خانوادگی و اجتماعی...... ۶۱

بخش دوم

سفارشات و هشدارهای خدای عزّ و جّل در مورد دشمنان انسان و عاقبت ستمکاران ۹۳

فصل ۱: شیطان دشمن انسان: ۹۵

فصل ۲: هوای نفس دشمن انسان است ۱۰۱

فصل ۳: دنیا طلبی دشمن است. ۱۰۳

منابع ۱۰۷

«به شگفتی‌های آفرینش در آسمان‌ها و زمین خوب نگاه کنید که چطور به ایمان آوردن دعوت‌تان می‌کنند»

«یونس ۱۰۱»

مقدمه

«سپاس و ستایش مخصوص خداست که پروردگار عالم است و آفریننده جهان‌های بینهایت و پدید آورنده آسمانها و زمین. آن ذات یگانه و یکتا را هیچ مثل مانندی نیست. رحمتش به عموم اهل عالم واصل و مهربانیش بر همه موجودات محیط است. صاحب کرم و کریم ترین کریمان عالم وجود است. برای او مِثل و نظیری وجود ندارد و اراده‌اش به هرچه تعلق گیرد فوراً موجود گردد و هر حکمی کند عین عدل و داد است. و به تقدیر ازلی بر هر چیزی قدر و اندازه‌ای معین فرموده است. او مبدأ آفرینش است و مخترع نظام عالم. او زنده ابد و بی‌نیاز و غنی مطلق از خلق است و خلق همه به او نیازمندند پس حمد و ستایشی سزد که مقابل با صُنع و آفرینش اوست[۱]»

پس هر که طالب سعادت ابدی و جویای کمال مطلوب است بداند که پیروی از پیامبر اکرم ﷺ و آل طاهرین اوست.

رسول خدا و جانشینانش در حقیقت یک نور الهی هستند که در این دریای مواج عالم جز با کشتی نجات آنها از مهالک دنیا و عُقبی نمیتوان نجات یافت. آن بزرگواران، خالصان خدا و مقربان درگاهش و عاشقانه جمالش هستند، و روزی و برکت باقیمانده آن‌ها بر روی زمین « امام عصر عجل الله فرجه

---

۱. صحیفه سجادیه

الشریف» دوران و عصر نورانی عدل و داد و زمان احیای کامل شرع حق برپا شده و ظلمتکده گیتی روشن خواهد شد انشاالله

قرآن برنامه عمل است و تلاوت آن سر آغازی است برای تفکر و اندیشیدن و آن نیز وسیله‌ای است برای عمل به محتوای آن. هدف از تلاوت قرآن کریم اندیشه و سپس اعتقاد و بعد از آن عمل به دستورات آن است و بدون شک کسی که در فهم آن تفکر و تدّبر نماید با کمک خدای تعالی درهای روشنایی و بینایی و بصیرت بر وی باز خواهد شد و متوجه عظمت و جلال و بزرگواری و کرم پدید آورنده آسمانها و زمین و کل خلقت شده و به ناچار در مقابل این عظیم مطلق تعظیم نموده و سر بر سجده و ستایش او می‌ساید.

همانی که کل خلقت هستی مشغول ستایش او هستند.

تمام نعمت‌ها مقدمه است و نعمت و معرفت و شناسایی منعم نتیجه و مقصود اصلی از خلقت است.

با توجه به اینکه حمد و شکر خدا و ذکر اوصاف و کمال او بدون تعلیم الهی میسر نیست، چون خدای متعال به چشم بصیرت آنها حسن و کمال خود را نشان می‌دهد تا بندگان بتوانند به حمد و ذکر اوصاف کمال او بپردازند، که باز به واسطه آن حمد و شکرگزاری، نعمت هایش را افزون کند و پاداش افزون عطا کند.

خدای مهربان به فضل و احسان بی‌انتهای خویش بندگان را غرق نعمت نموده و از آنان حمد و ثنای خود می‌خواهد، در صورتی که از حمد و ثنای خلق به کلی بی‌نیاز است.

پس برای آنکه بندگان را به واسطه حمد و ثنایش که ذکر اوصاف و جمال او را با خود اُنس بخشد تا به خالق خود تقرب جویند و به کمال معرفت و عشق نائل آیند .

خداوند هیچ وقت دست رد بر کسانی که به درگاهش رو آورده‌اند نمیزند و عمل اندکشان را پاداش بسیار عطا می‌کند و عبادت اندک بندگان را جزای بزرگ در دنیا و آخرت مرحمت می‌فرماید. و هر بنده‌ای به او نزدیک گردد، به او نزدیک می‌شود و هر کس از بندگان به طغیان و عصیان از او دوری کند باز از روی لطف و کرم اش او را به سوی خود می‌خواند.

خدای مهربان که یک حَسنه خلق را ده و صد هزار برابر می‌گرداند و از گناهان و سیئات خلق در می‌گذرد، او فوق هر چه در عقل و فکرت و اندیشه بوده و جلال بی‌حد و نهایت و مجد و بزرگواری نا منتهاست.

خدای قادر یکتا با نزول آیات قرآن به وسیله رسول اش محمد مصطفی که درود خدا بر او و خاندانش باد نهایت لطف و هدایت برای نیل به سعادت ابدی در حق بندگانش مبذول داشته و با وعده و تشویق و ترغیب به ثواب و پاداش اطاعت و بندگی به حد اکمل در حق بندگان لطف نموده و برای مردم از کفر و گناه مثال‌ها آورده تا آنها را به راه آشتی و نجات رهنمون سازد، بر این اساس و در ادامهٔ کتاب « سرچشمه نور » بر آن شدیم تا با توکل بر خدای تعالی و استعانت از درگاهش موضوعات دیگری از قرآن کریم را مد نظر داشته و با استفاده از آیات کریم قرآن مجید به حضور خوانندگان گرامی عرضه نماییم.

برای ترجمه آیات قرآن کریم در این کتاب از ترجمه استاد علی ملکی استفاده شده است که ایشان در ترجمه قرآن کریم اینگونه توضیح می‌دهند:

«این ترجمه از نوع ترجمه پیام رسان می‌باشد به این روش که ترجمه «مضمونی» یا «مراد محور» هم می‌گویند و نام این اثر را ترجمه خواندنی قرآن گذاشتیم تا فراخوانی باشد به دوباره خوانی و پیوسته خوانی درسنامه زندگی قرآن، چنانچه خدای مهربان در سوره قمر می‌فرمایند: «قرآن را ساده کرده‌ایم برای به خود آمدن، کسی هست به خودش بیاید ؟» و در جای دیگر می‌فرماید: « هر پیامبری فرستادیم بدون استثنا با زبان ساده و همه فهم بود تا احکام و معارف الهی را کم‌کم برای قومش توضیح بدهد»

و نیز استاد ملکی توضیح می‌دهند که: « ترجمه‌ای که بنای تفسیری ندارد مانند هواپیمایی است که باند پرواز و فرود ندارد، لذا در درجه اول از تفسیر المیزان علامه طباطبایی و تفسیر تنسیم آیت الله جوادی ... استفاده نموده و بند بند این ترجمه بر تفسیرهای درجه یک، راه را بر ورود به نظرهای شخصی بسته است و راه گشای ما در آیه‌هایی بوده که چندین وجه تفسیری دارند. پس ترجمه ما پیام رسان است و تفسیری »

لذا به جهت ساده و قابل فهم بودن معانی آیات قرآن از ترجمه ایشان در این کتاب استفاده شده است و همچنان از لطف کارشناسانه جناب حجت الاسلام دکتر سید محمد جواد حجازی استاد حوزه و دانشگاه فیض برده و توفیق و موفقیت هرچه بیشتر ایشان را در پیشبرد اسلام عزیز از خدای تعالی مسئلت می‌نمایم.

و از خانم هدیه نوری که در تنظیم این کتاب مرا یاری نمودند کمال تشکر را دارم.

نرگس دوراندیش
پاییز ۱۳۹۷

بخش اول

سفارشات خداوند به آداب رفتاری، عملی، گفتاری، فردی و خانوادگی و امور اجتماعی در جامعه

«در کارهای خوب و رعایت حقوق دیگران به همدیگر کمک کنید»
(مائده ۲)

«خدا به رعایت عدالت و اعتدال دستور داده است ...»
(اعراف ۲۹)

فصل ۱

رعایت حقوق دیگران

تعالیم حیات بخش قرآن که مربوط به نوع بشر است روح دوست داری بشر که معنی علم اجتماع است را به مردم یاد می‌دهد. درس روانشناسی و راه تکمیل روان پاک انسانی تا حد وصول به کمال، درس اصلاح امور نفسانی و جسمانی و بهداشت و حفظ دین و دنیا و سعی در راه سعادت و عافیت، **درس محبت و عاطفه و احتراز از خشم و قهر و خشونت می‌آموزد.** **درس عدالت و راستی و درستی و احتراز از ظلم و جور و نادرستی یاد می‌دهد.**

درس کرامت و عبادت و تقوا، درس دوستی، وفا و صفا و یکرنگی به خلق، درس علم معاشرت و مروت و ترک خیانت و حسن روابط و برادری با مردم می‌دهد.

درس خدمت به خلق عموماً و خدمت علمی، عملی و جسمانی و روحانی می‌دهد. درس اندیشه نیک، همت بلند و نکویی با مردم، عفو از بدی‌ها و بخشش از خطاهای دیگران به انسان‌ها می‌دهد و راهنمای بشر است به راه آسایش و سعادت حقیقی در دو عالم.

دستورات قرآن چه در امور فردی و اجتماعی همه و همه برای خوشبختی و سعادت انسان هم در دنیا و هم در آخرت است و علامت ایمان، عمل است و اگر کسی به دستورات دین عمل نکند گویای ایمان ندارد.

قرآن به جای انتقاد از اینکه چرا بعضی دستورات را عمل می‌کنید و بعضی را رها می‌کنید فرموده: « چرا به بعضی ایمان می‌آورید و به بعضی کفر می‌ورزید .» و آنگاه خود دلیل این امر را می‌فرماید: « آنها دنبال زندگی دنیوی هستند و تنها به قوانینی که منافعشان را تامین کند پایبند هستند و به هر قانونی که ضرری به منافع دنیوی آنان بزند بی‌اعتنایند. پس عذاب الهی برای این رفاه طلبان دنیا پرست تخفیف ندارد [1]. »

انسان آزاد است و حق انتخاب دارد. تمام آیاتی که می‌فرماید انسان دنیا را خرید و آخرت را فروخت دلیل این هستند که انسان مجبور نیست بلکه اختیار دارد، خود با فکر و مقایسه می‌سنجد و انتخاب میکند.

پیامبر بزرگ اسلام که درود خدا بر او و اهل بیتش باد فرمودند:

« من از جانب خدا برای تتمیم و تکمیل اخلاق انسانی فرستاده شده‌ام.»

به امامان بزرگوار ما نیز در همین راستا گام بر می‌داشتند. چنانچه از دعاهای امام سجاد عليه‌السلام به وضوح این را می‌آموزیم که می‌فرماید:

« خداوندا مرا به کاری که فردای قیامت از من درخواست می‌کنی مشغول دار تا به کاری که برای آنم آفریده‌ای بپردازم. مرا به مرض تکبر و خود پسندی مبتلا مگردان و به عبادت خالص خود مشغول دار و عبادتم را به عُجب و غرور باطل نساز، به دستم کارهای خیر برای مردم جاری ساز و مرا عالی ترین اخلاق

---

۱. بقره ۸۶

کرامت فرما و از فخر و مباهات نیز محفوظام دار ... خداوندا مرا تایید کن که هر کس با من غِش و خیانت کند در عوض با او مهربانی و راستی کنم و به هر کس که مرا محروم کند بذل و عطا کنم و با هر کس که از من قطع پیوند کند در مقابل به او بپیوندم و به محبت پردازم و هرکس مرا غیبت و بدگویی کند در مقابل به ذکر خیرش یاد کنم. و توفیقم عطا کن که در مقابل نیکویی سپاسگزاری و از بدی خلق چشم پوشی کنم **خداوندا مرا به زیور صالحان بیارای که بساط عدل و داد را بگسترانم و خشم خود را فرو نشانم** و آتش فتنه را خاموش سازم و اختلاف بین مسلمین را اصلاح گردانم و نیکوکاری را فاش و اعمال زشت خلق را مستور سازم و با مردم خوش رفتار و آسان گیر و متواضع و خوش سیرت و بی‌تکبر و نیکو خُلق باشم.

مرا به کاری که رضا و خشنودی تو در آن است برگمار و مرا به نیکوترین راه که عدل و نیکویی و راستی است ببر [1].»

در این دعاها امام سجاد ﷷ در واقع به ما درس می‌دهند که در زندگی فردی و اجتماعی و با مردم چگونه بایستی باشیم و نشان می‌دهد که چه رفتارهایی باعث خشنودی خداوند می‌شود و باعث خیر و سعادت دنیوی و اخروی ما است.

در این مورد اشاره می‌کنیم به آیات قرآن کریم:

سوره بقره ۳ - ۱: این کتاب که هیچ شک و شبهه‌ای در آن نیست دست آنانی را می‌گیرد که مراقب رفتارشان هستند، همان کسانی که به خدای پنهان از دیده‌ها ایمان می‌آورند، نماز را با آدابش می‌خوانند، از آنچه روزیشان کرده‌ایم در راه خدا انفاق می‌کنند.

۱: صحیفه سجادیه دعای بیستم

بقره ۱۱۵ -۱۱۰: تا نماز را با آدابش بخوانید و صدقه بدهید هر کار خوبی که برای خودتان جلو جلو می‌فرستید آن را پیش خدا خواهید دید. بله خدا کارهای تان را می‌بینند. شرق و غرب عالم مال خداست، پس به هر سو که رو کنید همان سو جلوه خداست زیرا خدا فراگیر است و دانا.

بقره ۱۸۸: اموال همدیگر را که بین تان در گردش است به ناحق نخورید و برای بالا کشیدن مال مردم از راه ظلم و گناه به قاضی‌ها رشوه ندهید، خودتان هم می‌دانید که این کار چقدر زشت است .

بقره ۲۴۵: چه کسی حاضر است کارهای خوب پیش خدا پس انداز کند تا وقت برگرداندن خدا برایش چندین برابر کند ؟ فقط خدا روزی بندگان را کم یا زیاد می‌کند و دست آخر هم فقط به سوی او برگردانده می‌شوید.

بقره ۲۵۴: مسلمانان، از هر چیزی که روزی تان کرده‌ایم در راه خدا هزینه کنید قبل از آنکه روزی برسد که نه خرید و فروشی در آن ممکن است و نه رفاقتی و نه شفاعتی. کسانی که از هزینه کردن در راه خدا طفره می‌روند واقعا بدکارند.

بقره ۲۸۶: خدا هرکس را فقط به اندازه توانش مسئول می‌داند، هر کار خوبی بکند به سود خودش است و هر کار بدی هم بکند به زیان خودش.

آل عمران ۱۴: علاقه شدید به برخی چیزها در چشم مردم رنگ و لعاب داده شده است، زن و بچه و سرمایه نقدی فراوان و طلا و نقره انباشته شده، مَرکب‌ها و وسایل نقلیه گران قیمت، چهار پاها و مزرعه‌ها، اینها خوشی‌های ناچیز و زودگذر زندگی دنیاست، در حالیکه عاقبت به خیری فقط دست خداست.

نساء ۱۴۹: خوبی دیگران را چه آشکار کنید چه مخفی اشکالی ندارد و اگر از بدی دیگران بگذرید خدا هم گذشت کننده‌ای تواناست.

مائده ۲: در کارهای خوب و رعایت حقوق دیگران به همدیگر کمک کنید و در سهل انگاری و تجاوز به حقوق دیگران به همدیگر کمک نکنید. در حضور خدا مراقب رفتارتان باشید که مجازات خدا شدید است.

مائده ۹-۷: نعمت بزرگ خدا یعنی اسلام را در حق خود فراموش نکنید و نیز تعهدی را که در قبول اسلام از شما گرفت منظور، وقتی بود که گفتید: « گوش به فرمانیم» در حضور خدا مراقب رفتارتان باشید که خدا می‌داند هر آنچه را در دلها می‌گذرد. مسلمانان، برای رضای خدا با تمام توان ایستادگی کنید و هر جا لازم است برای اجرای عدالت شهادت بدهید.

کینه توزی یکی از دو طرف دعوا شما را در دام بی‌عدالتی نیندازد. طبق عدالت رفتار کنید که با تقوا مداری بیشتر جور در می‌آید.

در حضور خدا شهادت ناحق ندهید و از شهادت به حق، خودداری نکنید که خدا آگاه است که چه می‌گویید خدا به مسلمانانی که کارهای خوب کرده‌اند وعده آمرزش و پاداشی بزرگ داده است.

نساء ۱۰- ۹: کسانی که نگران آینده بچه‌های خردسال و ناتوانی هستند که بعد از مرگشان به جای می‌گذارند، باید از ظلم کردن به بچه‌های یتیم دیگران بترسند و در حضور خدا مراقب رفتارشان باشند به حساب شده با یتیمان برخورد کنند. کسانی که اموال یتیمان را بالا می‌کشند در واقع دارند شکم‌های خودشان را از آتش پر می‌کنند به همین زودی‌ها هم در جهنم سرخ و سوخته می‌شوند.

نساء ۳۳- ۲۶: خدا میخواهد احکام زندگی را برایتان توضیح بدهد و به راه و رسم‌های درست راهنمایتان کند و نظر لطف بر شما بیاندازد آخر خدا دانای کار درست است. بله خدا می‌خواهد به شما لطف کند اما کسانی که خودشان اسیر شهوت پرستی هستند می‌خواهند شما مسلمانان هم به کلی در دام انحرافهای اخلاقی بیفتید. خدا می‌خواهد با آسان گیری در برنامه ازدواج کارتان را راحت کند زیرا انسان در برابر شهوت‌های جنسی ضعیف و کم اراده آفریده شده است.

مسلمانان، اموال همدیگر را که بینتان در گردش است به ناحق نخورید البته اگر معامله‌ای با رضایت خودتان صورت بگیرد داد و ستد درست است.

خودکشی و کشتن همدیگر نیز ممنوع ! خدا همیشه با شما مهربان است. **هر کس از روی سرکشی و ستم به جان و مال مردم بیفتد در آتش مهیب سرخ و سوخته اش خواهیم کرد و این کار برای خدا آسان است.**

از گناهان بزرگی که از ارتکابش نهی می‌شوید اگر کاملاً دوری کنید گناهان کوچکی را که از دستتان در رفته است بدون توبه محو می‌کنیم و در جایگاهی شایسته جایتان می‌دهیم.

خدا شما را با ویژگیهای مختلف بر هم دیگر برتری داده است، از سر حسادت و تنگ نظری، برتری‌های همدیگر را آرزو نکنید. بهره‌ای نصیب مردان می‌شود در نتیجه کار و تلاش‌شان، بهره‌ای هم نصیب زنان می‌شود در نتیجه کار و تلاش‌شان. به جای حسادت و آرزوهای بیهوده، نعمت‌های تمام نشدنی خدا را از خودش بخواهید. آخر خدا همه آرزوها و تلاش هایتان را می‌داند .

برای هر انسانی وارثانی معین کرده‌ایم، پدر و مادر و قوم و خویشان و کسانی که به آنها تعهد داده‌اید، پس سهم هرکدامشان را بپردازید چون خدا شاهد همه چیز است.

نسا ۳۷ – ۳۶: خدا را عبادت کنید و چیزی را به جای او نپرستید و تا می‌توانید بی‌واسطه به پدر و مادر خوبی کنید و در خوبی کردن به اینان هم سنگ تمام بگذارید: قوم و خویش، یتیمان، نیازمندان، همسایه‌های نزدیک، همسایه‌های دور، هم نشین‌ها، مسافران و بردگان. خدا خیالباف‌های خودپسند را دوست ندارد همان کسانی که بُخل می‌ورزند و دیگران را هم به بخیل بودن تشویق می‌کنند و نعمت‌هایی را که خدا از سر بزرگواری به آنها داده است، کتمان می‌کند. برای چنین بی‌دین‌های بخیل عذابی خفت‌بار آماده کرده‌ایم .

نساء ۵۹ – ۵۸: خدا به شما دستور می‌دهد که تمام امانت‌ها را به وقتش به صاحبانش برگردانید. وقتی هم بین مردم داوری می‌کنید عادلانه داوری کنید. خدا چه پندهای گرانبهایی به شما می‌دهد، همان خدا امانتداری‌های تان را می‌بیند و قضاوت هایتان را می‌شنود.

مسلمانان، از خدا اطاعت کنید و نیز از پیامبر و امامان معصوم که از خودتان هستند فرمانده ببرید و هر وقت در چیزی اختلاف کردید برای حل آن به کتاب خدا و سنت پیامبر مراجعه کنید. البته اگر به خدا و روز قیامت معتقدید عمل به اینها خوبی و خوش عاقبتی را برای برایتان به همراه می‌آورد.

نساء ۷۰ –۶۹: آنان که در همه حال از خدا و پیامبر اطاعت می‌کنند هم مسیر با افرادی هستند که خدا به آنان نعمت ویژه داده است، یعنی با پیامبران و آدمهای با صداقت و شاهدان اعمال و شایستگان. آنان خوب رفیقانی در مسیر

رشد هستند این همه لطف از طرف خداست و همین بس که خدا احوال بندگانش را میداند.

نساء ۷۷ و ۷۵: چتان شده که در راه خدا و برای نجات مردان و زنان و کودکان مستضعفی که زیر سلطه دشمنان نمی‌جنگید؟ آن مستضعفان همیشه از خدا خواسته‌اند: « خدایا ما را از این شهری که مردمش ستم کارند بیرون ببر و از طرف خودت، بله از طرف خودت یار و یاوری برای ما قرار بده .» بگو **«خوشی‌های زندگی دنیا ناچیز و زودگذر است در حالیکه سرخوشیهای آخرت برای خود مراقبان بهتر است. در آنجا سر موی هم به شما ستم نمی‌شود».**

بقره ۱۹۰: در راه خدا با کافرانی بجنگید که با شما سر جنگ دارند ولی از حد و اندازه خارج نشوید چون که خدا تجاوز کارها را دوست ندارد.

بقره ۱۹۵: با کمک مالی به جبهه مسلمانان، در راه خدا هزینه کنید و با کوتاهی در این مسئله خودتان را به نابودی نکشانید، خوبی کنید که خدا درستکاران را دوست دارد.

نساء ۱۳۵: مسلمانان، در راه اجرای عدالت با تمام توان ایستادگی کنید.

بقره ۲۰۹ - ۲۰۸: مسلمانان، همگی تسلیم محض خدا باشید و پا جای پای شیطان نگذارید که او دشمن علنی شماست. بعد از این همه دلیل‌های روشن اگر دست از پا خطا کنید بدانید خدا در انتقام گیری از شما شکست ناپذیر و کار درست است.

کلمه «الناس» در قرآن کریم همه انسان‌ها را شامل می‌شود حتی غیر مسلمانان را و اصول عدالت را بایستی در مورد همه افراد بشر اجرا کرد و دوست و دشمن و خویش و بیگانه در این امر یکسانند. امانت و عدالت روح

جامعه انسانی و روح حکومت است .**جهاد اسلامی نه برای ایجاد سلطنت دنیوی و کشورگشایی است بلکه هدف گشودن راه به سوی خداست آنهم با عدالت و بدون ظلم و ستم نمودن.** به همه جهادگران، اسلام هشدار می‌دهد که ضرورت عدل و عدالت حتی در میادین جنگ و نبرد واجب است و می‌فرماید: « حتی در جنگ‌ها از حدود الهی تجاوز نکنید و متعرض بیماران، زنان، کودکان و سالمندان نشوید و قبل از دعوت آنان به اسلام دست به اسلحه نبرید و **شروع کننده جنگ نباشید و مقررات و عواطف انسانی را حتی در جنگ مراعات کنید[1].»**

«در آیه ۱۹۰ سوره بقره که ذکر شد صحبت از دفاع می‌کند در مقابل کسانی که با شما می‌جنگند دفاع و مقابله به مِثل از حقوق انسانی است [2]»

حضرت امام سجاد عليه‌السلام برای آموزش به بندگان در مورد کردار و اعمال‌شان اینگونه دعا می‌کنند:

«پروردگارا من به درگاه تو عذر می‌خواهم از اینکه در حضور من به مظلومی ظلمی رسیده باشد و من او را یاری نکرده باشم و اینکه از کسی به من خیر و احسانی رسیده باشد و من شکر او را به جا نیاورده باشم و از اینکه کسی به خاطر خطایی از من عذرخواهی کرده و من عذرش را نپذیرفته باشم و از اینکه فقیری مضطّر از من درخواست چیزی کرده و من بر او ایثار و عطا نکرده باشم. **و از اینکه حقی از حقوق کسی بر من لزوم یافته باشد و من ادای آن حق نکرده باشم و از اینکه عیب کسی بر من آشکار شود و من آن عیب را نپوشانده باشم و مستور نکرده باشم.** و به درگاهت توبه و انابه می‌کنم از هر

---

۱. تفسیر نور صفحه ۳۰۲

۲. تفسیر نور صفحه ۳۰۸

گناهی که بر من پیش آمده و من از آن دوری نکرده باشم. از همه این خطاهاای خدا به درگاهت عذر می‌خواهم و آمرزش میطلبم.[۱]»

در این دعای شریف چندین نکته را امام بزرگوار یادآور مردم می‌شوند:

۱-هرگاه فریاد مظلومی را بشنویم و به یاری او نرویم گناه بزرگی مرتکب شده‌ایم .

۲- انسان باید هرگاه احسانی به او کردند در عوض آن احسان کند و هم شکر و سپاسگزاری نماید تا خلق را به خیرات تشویق نماید.

۳- هر گاه از کسی نسبت به شما بدی و آزاری رسید و به عذر خواهی آمد کاملاً عذرش را بپذیرید و کینه او به دل نگیرید که اگر چنین کنید گناه کرده‌اید و برخلاف رضای خداوند رفتار کرده‌اید .

۴- هرگاه حاجتمندی از شما حاجتی خواست باید در ادای حاجت اش در حد توان سعی کرده و انجام دهید وگرنه وظیفه انسانی خود را به جای نیاورده‌اید و خطا کرده‌اید.

۵- هرگاه کسی حقی به گردن شما دارد آن را ادا کنید و حق او را پایمال نکنید و کاملاً حقوق مردم را رعایت کنید وگرنه گناه بزرگی کرده‌اید.

۶- اگر از کسی عیب و عمل زشتی بر شما پدیدار شد از عیب او چشم پوشی کنید و هرگز عیب جویی نکنید و در جستجوی عیب دیگران نباشید و عیوب آنها را مستور بردارید وگرنه گناه و معصیت خدا را کرده‌اید.

---

۱. صحیفه سجادیه دعای ۳۸

۷- توبه بایستی واقعی و ندامت حقیقی باشد تا موجب آمرزش گناهان و محبت خدای تعالی گردد که خداوند توبه کنندگان را دوست می‌دارد و خداوند در آیات قرآن کریم به این موضوعات اشاره فرموده :

نساء ۸۶ - ۸۵: هرکس واسطه کار خیری بشود، سهمی از آن می‌برد و هرکس واسطه کار شری شود در آن شریک است، چون که خدا مراقب همه چیز و همه کاری هست. چنانچه سلام و تعارفی با شما کردند، یا به صورت بهتر جواب بدهید یا دست کم به همان صورت، زیرا خدا همه چیز را محاسبه میکند.

ممتحنه ۹-۸: خدا نهی تان نمی‌کند از برقراری روابط حسنه و عادلانه با بی‌دین‌هایی که به خاطر دیندار بودنتان با شما نجنگیده‌اند و از منطقه زندگیتان اخراج تان نکرده‌اند، چون خدا مردم عادل را دوست دارد. بلکه خدا شما را فقط از دوستی با بی‌دین‌هایی نهی می‌کند که به خاطر دین دار بودن تان با شما جنگیده‌اند و از منطقه زندگیتان اخراجتان کرده‌اند و در این راه، پشتیبان هم بوده‌اند. کسانی که با آنها دوستی کنند بدکارند.

فصل ۲

کمک به دیگران (انفاق)

»فقط زمانی به مقام خوبان می‌رسید که از چیزهای دوست داشتنی تان در راه خدا هزینه کنید«

(آل عمران ۹۲)

بقره ۲۱۶ – ۲۱۵: از تو می‌پرسند که چه چیزی انفاق کنند بگو: » هر چیز به درد بخوری که انفاق کنید بهتر است، به پدر و مادر، خویشان، یتیمان و فقیران و در راه مانده‌ها برسد. معلوم است که هر کار خیری می‌کنید، خدا آن را می‌داند. «

بقره ۲۶۴-۲۶۱: موقعیت کسانی که اموال‌شان را در راه خدا انفاق می‌کنند مِثل موقعیت دانه‌ای است که هفت خوشه از آن بروید و در هر خوشه صد دانه باشد. تازه خدا برای هر که لایق ببیند چندین برابرش می‌کند، آخر خدا روزی گستره داناست.

کسانی که اموال‌شان را در راه خدا انفاق می‌کنند و به دنبال بخشش خود منتی نمی‌گذارند و آزار نمی‌رسانند، پاداش‌شان پیش خدا محفوظ است، و نه ترسی بر آنان غلبه می‌کند و نه غصه می‌خورند. البته رد کردن گدایان با گفتار شایسته و گذشت از بد دهنی‌شان بهتر از دادن صدقه است که آزاری به دنبالش باشد. آخر خدا بی‌نیاز بردبار است.

مسلمانان، ثواب صدقه‌های خودتان را با منت گذاشتن و آزار رساندن از بین نبرید. درست مثل آنهایی که دارایی‌شان را برای خودنمایی به مردم می‌بخشند و خدا و روز قیامت را باور ندارند.

بقره ۲۶۵: از آن طرف، موقعیت کسانی که اموال‌شان را برای به دست آوردن رضایت خدا و محکم کردن دل و قوی کردن وجودشان در راه خدا انفاق می‌کنند، مانند موقعیت باغی است که روی تپه‌ای قرار دارد آن وقت، باران شدیدی بر آن می‌بارد و آن باغ دو برابر میوه می‌دهد حتی اگر باران شدیدی بر آن نبارد، نم نم باران هم برایش کافی است. به هر حال، خدا کارهایتان را می‌بیند.

بقره ۲۷۴: کسانی که اموال‌شان را شب و روز و پنهان و آشکار در راه خدا هزینه می‌کنند پاداش‌شان پیش خدا محفوظ است و نه ترسی بر آنها غلبه می‌کند و نه غصه می‌خورند.

بقره ۲۶۹ - ۲۶۷:ای مسلمانان، از دست رنجتان و از محصولات و معادنی که برایتان از دل خاک بیرون آورده‌ایم، مرغوبش را برای زکات و صدقه بدهید، نه اجناس به درد نخوری را که حتی خودتان هم قبول نمی‌کنید مگر با بی‌میلی و از روی ناچاری. بدانید که خدا بی‌نیاز ستودنی است.

شیطان با ترساندن از فقر، شما را از کمک به نیازمندان باز می‌دارد و به کارهای زشت تشویقتان می‌کند، ولی خدا با وعده آمرزش خودش و افزایش روزی اش به کمک به نیازمندان تشویقتان می‌کند آخر خدا روزی گستر دانا است خدا در صورتی که صلاح بداند به انفاق کنندگان حکمت می‌دهد، و به هر کسی حکمت داده شود، در حقیقت به او خیر فراوانی داده است البته جز خردمندان کسی به خود نمی‌آید .

آل عمران ۹۲: فقط وقتی به مقام خوبان می‌رسید که از چیزهای دوست داشتنی تان در راه خدا هزینه کنید، هر چیزی هم در راه خدا انفاق کنید خدا آن را می‌داند.

بقره ۱۰۲: مسلمانان در مراقبت از رفتارتان سنگ تمام بگذارید نکند از دنیا بروید و مسلمان واقعی نباشید .

انفال ۴۱: مسلمانان بدانید هر درآمدی که به دست می‌آورید (سود) باید یک پنجم آن را به این شش گروه بدهید: خدا، پیامبر، امامان معصوم، سادات یتیم فقیر، سادات نیازمند و سادات در راه مانده . البته اگر واقعاً خدا و آیه‌هایی را باور کنید که در این باره بر بنده خود محمد ﷺ در جنگ بدر فرستادیم، همان روز جدایی حق از باطل و روز رویارویی سپاه اسلام و کفر. خدا از عهده هر کاری برمی‌آید.

توبه ۶۰: زکات فقط برای اینها باید مصرف شود: فقیران، درماندگان، متصدیان جمع‌آوری و پخش زکات، جذب دلها به اسلام، آزادی بردگان، ادای قرض بدهکاران، در راه مانده‌ها .

بقره ۲۷۳ – ۲۷۰: هر چیزی را در راه خدا انفاق کنید یا هر نذری به عهده بگیرید خدا می‌داند. بدکارهایی که در این باره کوتاهی می‌کنند هیچ یاوری

ندارند. صدقه‌ها را اگر آشکار و البته با خلوص بدهید، خوب کاری کرده‌اید، پس اگر مخفیانه به فقیران آبرومند بدهید برایتان بهتر است. و بخشی از گناهان تان را به تناسب ظاهر و باطن انفاق هایتان محو می‌کند زیرا خدا از کارهایتان آگاه است.

البته به عهده تو نیست که مجبورشان کنی چطور در راه خدا انفاق کنند بلکه خدا به هرکس که شایسته ببیند راه درست این کار را نشان می‌دهد.

چیزهای بدردخوری که در راه خدا انفاق می‌کنید در واقع به سود خودتان است، البته در صورتی که فقط برای رضای خدا انفاق کنید هر چیز به درد خوری را که در راه خدا انفاق کنید در قیامت به شما کامل پس می‌دهند و حقی از شما ضایع نمی‌شود.

بهتر است کمک‌های تان را به نیازمندانی بدهید که در راه خدا از کسب و کار وا مانده‌اند و برای کسب درآمد نمی‌توانند تلاش کنند. از بس که آبرومند صورتشان را با سیلی سرخ نگه می‌دارند. شخص بی‌اطلاع فکر می‌کند وضعشان خوب است ولی تو از حال و روزشان اینها را میشناسی. اینان با اصرار و سماجت از مردم گدایی نمی‌کنند. خدا کمک‌هایی را که به اینها می‌کنید می‌داند.

بقره ۲۴۵: چه کسی حاضر است کارهای خوب نزد خدا پس‌انداز کند تا وقت برگرداندن، خدا برایش چندین برابرشان کند ؟ فقط خدا روزی بندگان را کم و زیاد می‌کند و دست آخر هم فقط به سوی او برگردانده می‌شوید.

یکی از وظایف انبیاء و کتب آسمانی تغییر فرهنگ مردم است. ایمان، ارتباط با خدا در کنار ارتباط با مردم و تعاون اجتماعی در حوادث و گرفتاری‌ها مطرح است و سفارش به نیکوکاری و انفاق و با دست خود به فقرا و یتیمان و

بستگان انفاق نمودن اولویت دارد و سفارش شده است، سائل را رد نکنید اگر چه فقیر و مسکینی درمانده و فامیل نباشد.

مدعیان ایمان بسیارند ولی مومنان واقعی که به تمام محتوای دین عمل کنند گروهی اندک هستند. نشانه صداقت، عمل به وظایف دینی و تعهدات اجتماعی است و متقی کسی است که عملش، عقایدش را تایید کند. با توجه به اینکه اگر ثروتمندان بخل بورزند و به فکر محرومان نباشند اختلاف طبقاتی روز به روز توسعه پیدا کرده و عامل انفجار جامعه می‌شود و هم چنین اگر میان روی در انفاق مراعات نشود و انسان هر چه را دارد به دیگران ببخشد به دست خود، خود و خانواده‌اش را به هلاکت می‌نشاند لذا قرآن کریم مسلمانان را به میانه روی در انفاق سفارش نموده.

با انفاق، خود و اموالتان را بیمه کنید.

در آیه ۲۱۵ سوره بقره مسلمانان از خداوند می‌پرسند که چه چیزی را انفاق کند دو بار کلمه «خیر» به کار رفته است یکی انفاق خیر و دیگری کار خیر تا بگوید افراد بی‌پول نیز می‌توانند با عمل و کار خود به خیر برسند در جواب سوال دوم مردم در مورد انفاق که چه چیزی انفاق کنند می‌فرماید «عفو» در لغت علاوه بر گذشت و آمرزش معنای «حدوسط» هم دارد مقدار اضافی و بهترین قسمت مال نیز آمده است و هر یک از این معانی نیز با آیه سازگار است. یعنی اگر خواستید انفاق کنید هم مراعات اعتدال را نموده و هم همه اموالتان را یکجا انفاق نکنید و هم موقع انفاق از بهترین اموال خود بدهید. انفاق بهترین راه حل اختلاف طبقاتی است. همچنان که پیدایش و گسترش رِبا زمینه ساز بوجود آورنده طبقات است.

خداوند در آیه ۲۶۱ سوره بقره برای تشویق به انفاق پاداشی هفتصد برابر می‌دهد لطف خداوند محدودیت ندارد و هشدار خداوند در مورد انفاق این است

که انفاق با منّت همراه باشد به خاطر این است که گاهی گامی برای خدا بر می‌دارد و کاری را به نیکی شروع می‌کند ولی به خاطر عوارضی از قبیل غرور یا منیّت یا توقع و امثال آن ارزش کار را از بین می‌برد.

چون هدف از انفاق تطهیر روح از بخل است ولی نتیجه منّت آلوده شدن روح می‌باشد. و دیگر اینکه اسلام حافظ شخصیت محرومان و فقرا می‌باشد. خداوند آینده انفاق کننده را تضمین نموده است. کسی که بدون منت و آزار و فقط به خاطر خدا انفاق می‌کند از آرامشی برخوردار می‌شود که از لطف خداست.

انفاق بایستی با اخلاق خوش باشد. گفتگوی خوش با فقیر موجب تسکین او و عامل رشد انسان است و همچنین سفارش خداوند برای انفاق این است که « از پاکیزه ترین چیزهایی که به دست آورده‌اید انفاق کنید [۱]»

زیرا هدف از انفاق رهایی از بُخل است نه رهایی از اشیای بی‌ارزش و نامطلوب. **در انفاق بایستی کرامت محرومان محفوظ بماند** اثر انفاق به خود انسان برمی گردد وگرنه خدا غنی و بی‌نیاز است. « **رسیدگی به محرومان یک وظیفه انسانی است پس بر غیر مسلمانان نیز انفاق کنید** اسلام مکتب انسان دوستی است و فقر و محرومیت را حتی برای غیر مسلمانان نیز نمی‌پسندند [۲]»

از آیه ۲۶۸ سوره بقره درمیابیم که به هنگام انفاق شیطان سراغ انسان می‌آید و القاء می‌کند که اگر انفاق کنی فردا خودت فقیر خواهی شد بهتر است اموالت را ذخیره کنی اینها القائات و وعده‌های شیطان است ولی خداوند به انسان وعده آمرزش و فزونی می‌دهد. زیرا او وسعت بخش داناست. **انفاق مال را**

---

۱. آل عمران ۹۲

۲. تفسیر نور صفحه ۴۳۷

زیاد میکند و سبب آمرزش گناهان است. هر فکری و توهمی که برای شما تنگ نظری، ترس و اثر منفی بیاورد شیطانی است و هر فکری که برای شما حرکت مثبت نشاط و سعه صدر آورد الهی است. **همچنان که خداوند برای انفاق، اجر و پاداش دنیوی و اخروی بسیار قرار داده است.**

انسان‌ها را بسیار از «ربا» باز می‌دارد زیرا ربا ضررهای بسیار اقتصادی برای جامعه دارد.

«ربا» در لغت به معنای زیادی و افزایش است، در اسلام به معنای زیاد گرفتن در وام یا بیع است. ربا خوار در قیامت همچون دیوانگان محشور می‌شود چرا که در دنیا روش او باعث به هم خوردن تعادل در جامعه گردیده است. در دین یهود نیز ربا حرام بوده است. [۱]

«و چنانچه در تورات سِفر خروج فصل ۲۳ جمله ۲۵ و سِفر لاویان فصل ۲۵ آمده است .»

«تهدیدهایی که در قرآن کریم برای اخذ ربا آمده است، برای قتل، شراب خواری، قمار و زنا نیامده است[۲].»

حُرمت ربا نزد تمام فِرق اسلامی قطعی و از گناهان کبیره است و آنقدر گناه آن بزرگ است که قرآن ربا را مساوی جنگ با خدا میداند. [۳]

رباخواری محارب با خداست ولی برای محاربین با خدا هم راه توبه باز است .در مقابل ربا خداوند قرض الحسنه را ذکر فرموده است. « در سوره بقره ۲۴۵

---

۱. نساء ۱۶۱

۲. تفسیر نور صفحه ۴۴۳

۳. سوره بقره آیه ۲۷۹

موضوع وام دادن به خدا است که این موضوع هفت بار در قرآن کریم آمده است و شرایطی را برای قرض الحسنه بیان فرموده:

۱- از مال حلال باشد .

۲- از مال سالم باشد.

۳- برای مصرف ضروری باشد.

۴- بی‌منت باشد.

۵- بی‌ریا باشد.

۶- مخفیانه باشد.

۷- با عشق و ایثار پرداخت گردد.

۸- سریع پرداخت شود.

۹- قرض دهنده خداوند را برای توفیق انجام آن شکرگذار باشد.

۱۰- آبروی گیرنده وام حفظ شود.[۱]

چون انسان غریزه منفعت‌طلبی دارد لذا خداوند برای تحریک انسان می‌فرماید:

«کیست که به خداوند قرض دهد [۲]»

هم فقرا احساس کنند خداوند خودش را به جای آنان گذاشته است و هم قرض دهنده احساس کند معامله او با خداست و پاداش خداوند به قرض دهندگان هم در دنیا و هم در آخرت است.

---

۱. تفسیر نور صفحه ۳۸۵

۲. بقره ۲۴۵

بقره ۲۴۵: چه کسی حاضر است کارهای خوب نزد خدا پس انداز کند تا وقت برگرداندن خدا برایش چندین برابرشان کند.

و بر عکس قرض الحسنه، خداوند ربا خوار را دشمن خود می‌داند و رباخواری محارب با خداست.

آل عمران ۱۳۳-۱۳۰: مسلمانان ربا نخورید، آن هم ربای با سود چند برابر و در حضور خدا مراقب بده بستان‌های مالی تان باشید تا خوشبخت شوید. رباخواری بی‌دینی است بترسید از آتشی که برای بی‌دینی‌ها آماده کرده‌اند. دنباله روی خدا و رسولش باشید تا لطفش شامل حالتان شود. سرعت بگیرید برای رسیدن به آمرزش خدا و بهشتی که به پهنای آسمان‌ها و زمین است و برای خود مراقبان آماده شده است.

منافقون ۱۱-۱۰: از هرچیزی که روزیتان کرده‌ایم، در راه خدا انفاق کنید قبل از آنکه مرگ هر کدامتان سر برسد و با حسرت و آه بگوید: «خدایا چرا مرگ مرا کمی به تاخیر نینداختی تا صدقه بدهم و درست کار شود» وقتی اجل کسی سر برسد هرگز خدا به تاخیر نمی‌اندازد و خدا آگاه است که چه میکند.

فصل ۳

سفارشات خداوند برای نیکی به پدر، مادر و خانواده

«به انسان سفارش کردیم به والدینش به ویژه مادرش بی‌واسطه خوبی کند»
(احقاف ۱۴)

« ..... در مسائل همسرداری مراقبت رفتارتان باشید، اگر به این سفارش‌های سودمند گوش ندهید دودش به چشم خودتان می‌رود .... »
(نسا ۱۳۱)

از سفارشات دیگر خداوند در قرآن کریم بسیار بر احترام و نیکی نمودن به پدر و مادر تاکید فرموده و بر این اصل در دعای امام سجاد (علیه السلام) می‌بینیم که می‌فرماید:

«خداوندا مرا بر حقوق واجبی که والدین بر من دارند با الهام خود کاملا آگاه ساز و اطاعت و نیکویی در حقشان را چنان لذید و محبوب من گردان که آن اطاعت و نیکی، آرامش و نشاط افزاتر و روشنی بخش تر بر دل و دیده‌ام از

خواب راحتِ خواب آلودگان باشد. کمک کن میل و رضای خاطر آنها را بر میل و رضای خود مقدم بدارم و نکوئی و احسان پدر و مادر را در حق خود اگر هم اندک باشد بسیار شمارم.

پروردگارا صدای مرا با آن‌ها آرام و آهسته گردان و سخن‌ام را با پدر و مادر شیرین و نیکو گفتار دار و اخلاق و رفتارم را با آنها خوش و دلپسند ساز و دلم را با آن‌ها عطوفت و مهربانی بخش و مرا رفیق شفیق آنها بگردان. ای خدایی که سیّئه و گناهان خلق را به حسنه و ثواب چندین برابر زیادتر مبدل می‌گردانی، آنچه پدر و مادر من بر من تعهدی و تفریط کرده‌اند یا حق از حقوق مرا ضایع کردند من همه را به آنها بخشیدم و به کلی از آنها در گذشتم و از توای خدا بر آنها بر محو جرمشان با شوق و رغبت، طلب عفو و رحمت می‌کنم [۱]»

با این دعا در حق پدر و مادر امام سجاد ﷺ در واقع به ما می‌آموزند که با پدر و مادر خود چگونه رفتار کنیم و چه دعاهایی در حقشان از خداوند طلب کنیم.

اینها همه حقایقی است از دروس اخلاقی و وظایف حُسن روابط خانوادگی و حفظ حقوق فرزند با والدین که حضرت تعلیم فرموده‌اند و به مردم تعلیم می‌دهند که حقوق واجب و لازم والدین بر اولاد بسیار است. پس بایستی از خدا یاری طلبید برای توفیق اداء حقوق واجبه آنها. امام سجاد ﷺ در دعاهای خود که موجب رشد و آگاهی مسلمانان به وظایف الهی و سفارشات خداوند است تا حقوق یکدیگر را ادا کنند و حقوق همسایگان‌شان و دوستانشان را و همه خویشان و خاصّان و افراد خانواده خود را رعایت نمایند و از بدی‌های آنها در گذرند و بلکه بدی‌های آنها را در عوض پاداش نیکی و احسان دهند. و حتی

۱. صحیفه سجادیه دعای ۲۴

در حق همه آنها حُسن ظن و خیال خوب داشته باشند تا مردم بدانند این صفات پسندیده موجب سعادت آن‌ها و رضای خدا و خلق می‌باشد. چنانچه می‌فرماید: «ای خدای من تو مرا موفق بدار که با بدکاران با احسان و نیکویی پاداش دهم و از ستم کاری آنها در گذرم و عف کنم و در حق همه آنها حُسن ظّن به کار برم و گمان بد در حقشان نبرم. (زیرا حق ظن موجب محبت می‌شود و سبب اُنس و مهربانی و اتحاد می‌گردد و برعکس سوء ظن زن و کج خیالی درباره مردم موجب دشمنی و تنفر و دوری از یکدیگر می‌شود.) توفیق ده از روی کمال خیرخواهی آنها را دوست بدارم و هرگز رشک و حسد بر آنها نبرم[۱].»

انعام ۱۵۴-۱۵۱: به همه بگویید: « بیایید آنچه خدا حرام کرده است برای تان بخوانم، چیزی را به جای اون نپرستید، **به پدر و مادر بدی نکنید و تا می‌توانید بی‌واسطه به آنها خوبی کنید.** بچه‌های تان را از سر فقر و نداری نکشید چون روزی شما و آنها را ما می‌دهیم. دور و بر کارهای زشت نگردید چه آشکار باشد و چه مخفی. آدم بی‌گناهی را که خدا جانش را محترم می‌داند نکشید مگر اینکه شرعاً حق اش باشد. خدا به شما اینطور سفارش کرده تا عقلتان را به کار بیندازید. همچنین به اموال یتیم دست نزنید مگر برای حفظ و افزایش آن، تا اینکه او به رشد کافی برسد. **پیمانه و ترازویتان را درست و دقیق کنید.** عمل به این سفارش‌ها سخت نیست، چون هرکسی را فقط به اندازه توانش مسئول می‌دانیم. **وقتی نظر خود را می‌گویید انصاف را رعایت کنید هرچند در واژه نزدیکانتان باشد.** دست آخر این که بی‌دینداریتان پایبند باشید .خدا به شما اینطور سفارش کرده است تا به خودتان بیایید. این است راه درست من پس از این راه بروید نه از راه‌های انحرافی که از راه خدا دورتان

---

۱. صحیفه سجادیه دعای ۲۶

می‌کند. خدا به شما اینطور سفارش کرده تا مراقب رفتارتان بشوید. این ده فرمان را به پیامبران گذشته هم رساندیم به موسی تورات را دادیم تا نعمت هایمان را برای عمل کنندگان به این توصیه‌ها کامل کنیم و توضیح بیشتری درباره تمام مسائل لازم بدهیم تا مایه راهنمایی و رحمت برایشان باشد که دیدار خدا را باور کنند.

نساء ۱۳۱: ..... هم به اهل کتاب که قبل از شما زندگی می‌کردند و هم به شما مسلمانان سفارشی کرده و می‌کنم که در مسائل همسرداری مراقب رفتارتان باشید اگر به این سفارش‌های سودمند گوش ندهید دودش به چشم خودتان می‌رود.

اسراء ۲۷-۲۳: خدا فرمان داده است که جز او را نپرستید و تا می‌توانید بی‌واسطه به پدر و مادر خوبی کنید. اگر یکی‌شان یا هردویشان در کنار تو به سن پیری برسند که معمولاً هم میرسند به آنها حتی یک«آه» هم نگویید، **صدایت را روی‌شان بلند نکن، با آنان محترمانه و ملایم صحبت کن.** آنان را با فروتنی زیر پر و بال محبتت بگیر و دعا کن: « خدایا هوای پدر و مادرم را داشته باش همانطور که وقتی بچه بودم هوایم را داشتند و بزرگم کردند. » خدا بهتر میداند در دل هایتان چه می‌گذرد در مجموع اگر آدم خوبی باشید ولی خدای نخواسته درباره پدر و مادر کوتاهی کنید به شرط جبران و توبه خدا توبه کننده‌ها را می‌آمرزد.

حق قوم و خویش و فقیر و درمانده را ادا کن. در زندگی ابداً ریخت و پاش نکن که **اسراف کارها قطعاً همگام و همراه شیاطین‌اند.** شیطان هم از نعمتهای خدا بد استفاده می‌کند.

برای تربیت فرزند در آیات زیر خداوند می‌فرماید:

نور ۵۸:ای مسلمانان بچه هایتان که خوب و بد را تشخیص میدهند ولی هنوز به سن بلوغ نرسیده‌اند و نیز بردگان و خدمتکارانتان، در سه وقت از شبانه روز به اتاق خواب تان باید از شما اجازه بگیرند:

قبل از نماز صبح که هنوز در رختخواب هستید، هنگام استراحت ظهر که لباس‌های تان را کم کرده‌اید، بعد از نماز عشا که برای خواب آماده شده‌اید این سه وقت هنگام خلوت و خواب شماست...

نور ۵۹: وقتی هم بچه هایتان به سن بلوغ رسیدند، در تمام اوقات شبانه روز برای ورود به اتاق خواب تان مثل دیگر بزرگسالان خانواده باید از شما اجازه بگیرند. خدا آیات و احکام اش اینطور برایتان شرح می‌دهد .زیرا خدا دانای کار درست است. [۱]

لقمان ۱۲ و ۱۴: به لقمان حکمت آموختیم که: «خدا را شکر کن» چون هر که شکر کند به سود خودش شکر میکند هرکه هم ناشکری کند دودش به چشم خودش می‌رود. آخر خدا بی‌نیاز ستودنی است. لقمان وقتی پسرش را نصیحت می‌کرد گفت: «گل پسرم به جای خدا بت نپرست که بت پرستی بد ستمی است.»

ما هم به انسان درباره والدینش به ویژه مادرش اینطور سفارش کرده‌ایم: «مرا شکر کن. آنان را هم» مادرش که او را در دوران حاملگی به شکم می‌کشد، هر روز توانش بیش از پیش تحلیل می‌رود تازه دو سال هم شیرش می‌دهد. حواستان باشد که به من ختم می‌شود آخر عاقبت همه.

---

۱. « باید توجه داشت که خداوند در بیش از ۱۴۰۰ سال پیش چنین دستورات مدرن و عـالی‌ای را بـه خانواده‌ها متذکر می‌گردد. در زمانی که در خانواده زنها و بچه‌ها هیچ گونه ارزشی نداشتند. »

لقمان ۱۹-۱۶: لقمان ادامه داد: « گل پسرم به اندازه ارزنی اگر کاری کنی، زیر سنگ هم که باشد یا در آسمانها یا در دل زمین خدا حاضرش می‌کند، چون خدا نکته سنج آگاه است.

گل پسرم، نماز را با آدابش بخوان و امر به معروف کن و نهی از منکر. **در برابر سختی‌هایی که برایت پیش می‌آید صبوری کن که این نشانه اراده قوی است.** با بی‌اعتنایی از مردم رو برنگردان و با سرمستی و قلدری روی زمین راه نرو به خدا هیچ خیالباف خودپسندی را دوست ندارد. در راه و رفتارت متعادل باش و صدایت را بالا نبر که بلندترین صداها عرعر الاغ است .

احقاف ۱۶-۱۴: به انسان سفارش کردیم تا می‌تواند به والدینش به ویژه مادرش بی‌واسطه خوبی کند. مادرش با سختی او را به شکم می‌کشد و با سختی او را به دنیا می‌آورد. دوران بارداری و شیرخوارگی اش هم ۳۰ ماه طول میکشد. وقتی به رشد کامل یعنی چهل سالگی می‌رسد می‌گوید: « خدایا، شور و شوق به من بده تا شکرگزار نعمت‌هایی باشم که به من و پدر و مادرم داده‌ای و کارهای خوبی بکنم که تو می‌پسندی. **بچه‌هایم را هم صالح کن زیرا من به درگاه تو رو آورده‌ام و تسلیم فرمان توام .»** چنین فرزندانی کارهایشان را بر اساس بهترینشان قبول میکنیم و چون از بهشتی‌ها هستند، از کارهای زشت‌شان در می‌گذاریم، این همان وعده راستی است که به آنها می‌دادند.

نساء ۱۹: .... بانوانتان را تحت فشار نگذارید .... همچنین با بانوانتان خوش رفتاری کنید .

نساء ۱۲۹: ...... اگر با بانوانتان مهربانی کنید و مراقب رفتارتان باشید خدا هم چهره آمرزنده و مهربانش را نشانتان می‌دهد.

فصل ۴

سفارش خداوند به نماز و روزه

« مسلمانان واقعی کسانی هستند که وقتی ذکر خدا به میان بیاید دلهایشان به تب و تاب می‌افتد و آن وقت که آیه‌های الهی برایشان خوانده شود، ایمانشان زیاد می‌شود و به خدا توکل می‌کنند. همانان که نماز را با آدابش می‌خوانند و از آن چه روزی‌شان کردیم در راه خدا هزینه می‌کنند ... »

(انفال ۴-۲)

در آیه ۴۳ سوره بقره خداوند می‌فرماید: «نماز را به پا دارید و زکات را بپردازید و همراه رکوع کنندگان رکوع نمایید.»

نماز و زکات در در آیین یهود نیز بوده است. رابطه با خدا از طریق نماز و کمک به خلق خدا و همراهی با دیگران یک مثلث مقدسی است. **پیامبر اکرمﷺ**

نماز را «حمّه» تشبیه فرموده‌اند یعنی نماز آن چشمه ایست که نمازگزار مرتب در آن فرو رفته و خودش را شستشو می‌دهد. روحش را شستشو می‌دهد فکر و عملش را شستشو می‌دهد و پاک می‌کند. همان‌گونه که خود و لباسش را پاک و پاکیزه نگه می‌دارد بایستی روح آلوده را هم در چشمه زلال الهی شستشو دهیم. در آیه ۲۳۸ سوره بقره می‌فرماید: «کاملاً مراقب نماز باشید ....» در این آیه خداوند به حفظ نماز اشاره می‌فرماید. حفظ هر چیزی باید مناسب با خودش باشد. حفظ مال از دست بُرد دزد و حفظ بدن از میکروب و بیماری‌ها، حفظ روح از آفات اخلاقی نظیر حرص و طمع، حسد و تکبر اما حفظ نماز آشنایی با اسرار آن است.

امام علی علیه‌السلام در خطبه ۱۹۹ نهج البلاغه در مورد نماز می‌فرماید: **«مردم، خواندن و اقامه نماز را برعهده بگیرید و آن را حفظ کنید.»**

اقامه و حفظ نماز با خواندن نماز فرق می‌کند. در قرآن کریم در مورد اقامه نماز سفارشی می‌فرماید: **« نماز را اقامه کنید.»** یعنی در زندگی شما نماز بایستی تحقق پیدا کند و اثر بگذارد. اقامه نماز انسان را از زشتی‌ها و منکرات باز می‌دارد. امام علی علیه‌السلام می‌فرمایند: **« نماز را حفظ کنید»** یعنی محافظت کنید. چگونه نماز را می‌توان محافظت کرد، مراقبت و محافظت از نماز یعنی مراقبت از اعمال. **نمازگزار بایستی دائماً مراقب اعمال خود باشد، مراقب زبان خود، مراقب گوش و چشم خود ....** مدام محافظت کند. هرگونه عمل ناصالح را از خود دور کند تا می‌خواهد بد خُلقی کند، تا می‌خواهد ستم کند و عمل منکری انجام دهد، نماز به او اجازه ندهد. بله « خوشا آنان که دائم در نمازند. » و دائم مراقب همه اعمال خود می‌باشند. چنانچه قرآن کریم می‌فرماید:

« نماز را برپا دار که نماز از کار زشت و ناپسند باز می‌دارد [۱]... »

نماز نبایستی فقط از روی عادت خوانده شود، هر ذکری که از روی عادت انجام شود برای انسان چندان فایده‌ای نخواهد داشت در سوره مومنون چند خصوصیات مهم برای مومنان ذکر گردیده است، که اول آن با نماز شروع می‌شود و آخر آن صفات برای مومنان با نماز تمام می‌شود. اگر نمازگزار به صِرف عادت و یا از روی ریا نماز بخواند و شخص نمازگزار مراقبت از نمازش نداشته باشد آنجاست که قرآن می‌فرماید: « ویل المصلّین [۲].... »

در سوره ماعون آیه‌های چهار تا هفت می‌فرمایند: « **وای بر نمازگزارانی که از نمازشان آن غافل‌اند و** آنانی که ریا می‌کنند و از دادن زکات و وسایل مایحتاج خانه خودداری می‌کنند. »

و اینک آیات قرآن کریم راجع به نماز:

بقره ۱۱۰: نماز را با آدابش بخوانید و صدقه بدهید. کار خوبیکه برای خودتان جلو جلو بفرستید، آن را پیش خدا خواهید دید! بله خدا کارهایتان را میبینند.

بقره ۱۵۰-۱۴۹: پیامبر، هر جا رفتی برای خواندن نماز به طرف مسجد الحرام بایست... راستی این دستور از طرف خداست و دیگر تغییر نمی‌کند. و خدا بی‌خبر نیست چه می‌کنید.

بله هرجا رفتی برای خواندن نماز، به طرف مسجد الحرام بایست و شما مسلمانان نیز هر کجا که بودید برای خواندن نماز به طرف مسجد الحرام بایستید تا مردم هیچ دلیل و اعتراضی بر ضد شما نداشته باشند مگر افراد بهانه جو که هیچ وقت از بهانه جویی دست برنمی دارند.

---

۱. سوره عنکبوت آیه ۴۵

۲. سوره ماعون آیه ۴

بقره ۱۷۷: خوبی فقط این نیست که برای عبادت به طرف شرق یا غرب عالم بایستید بلکه خوبی اصل کاری این است که انسان‌ها، خدا، روز قیامت، فرشتگان، کتاب آسمان و پیامبران را باور کنند **اموالشان را با همه علاقه‌ای که به آن دارند برای خویشان، یتیمان، درماندگان، در راه مانده‌ها، فقیران و در راه آزادی بردگان مصرف کنند و نماز را با آدابش اقامه نمایند و زکات بدهند و وقتی تعهد می‌دهند به تعهداتشان وفادار بمانند** و به ویژه در سختی‌ها و خسارت‌ها و در میدان جنگ صبور باشند. همین هایند که صداقت دارند و خود مراقبان واقعی‌اند .

بقره ۲۳۹-۲۳۸: کاملا مراقبه نمازها به ویژه نماز میانه باشید. قیام کنید به نماز در راه خدا و با فروتنی به نماز بایستید.

اسراء ۱۱۰: ..... همه نماز هایت را بلند یا آهسته نخوان، بلکه بعضی را بلند بخوان و بعضی را آهسته. اگر نگران دشمن یا خطر دیگری بودید هر طور که می‌توانید نماز بخوانید پیاده یا سواره وقتی هم فضا برایتان امن شد با خواندن نماز به طور معمول خدا را یاد کنید به شکرانه آنکه چیزهایی را یادتان داد که نمی‌توانستید یاد بگیرید.

آل عمران ۹۶ و ۹۷: اولین عبادتگاهی که در زمین برای همه مردم ساخته شده همان خانه کعبه است که در مکه قرار دارد و مایه برکت و هدایت همیشگی جهانیان است. در آنجا نشانه‌های واضح از جمله مقام ابراهیم قرار دارد و هر که وارد حریم کعبه شود در امان است [۱].

---

۱. « خانه کعبه را حضرت آدم ساخت در طوفان حضرت نوح آسیب دید حضرت ابراهیم و اسماعیل بازسازی اش کردند آیه ۱۲۷ بقره »

مائده ۶: مسلمانان، وقتی می‌خواهید نماز بخوانید، اول وضو بگیرید به این ترتیب که صورت و دست هایتان را تا آرنج بشویید و جلوی سرطان را مسح کنید. روی پاهای تان را هم تا برآمدگی روی پا مسح کنید. اگر جُنُوب بودید، غسل کنید.

اگر بیمار بودید و آب برای تان ضرر داشت، یا در سفر بودید و آب پیدا نکردید آن وقت در دو جا با خاک پاک تیمم کنید.

بعد از اینکه از دستشویی آمدید یا اینکه با بانوان تماس جنسی داشتید تیمم اینطور است، دو کف دست را روی خاک بزنید و به پیشانی و پشت دست هایتان بکشید، خدا که نمی‌خواهد به شما سخت بگیرد بلکه می‌خواهد پاکتان سازد و نعمتش را بر شما تمام کند تا شکر کنید.

نساء ۴۳: مسلمانان، برای خواندن نماز، در حال مستی داخل مسجد نشوید تا وقتی که بدانید در نماز چه می‌گویید. [1]

در حالت جنابت هم پا به مسجد نگذارید تا اینکه غسل کنید مگر اینکه فقط قصد عبور از مسجد را داشته باشید.

انعام ۷۲: بگو..... به ما امر شده « نماز را با آدابش بخوانید و در حضور خدا مراقب رفتارتان باشید، او همان است که شما را دسته جمعی به محضرش می‌برند. »

---

۱. از این جمله می‌فهمیم نمازگزار در هر حالی که از هوشیاری لازم و تمرکز حواس کافی برخوردار نباشد از خواندن نماز خودداری کند مانند خواب آلودگی، کسالت، کم توجهی و پرخوری(مترجم قرآن صفحه ۸۵)

اعراف ۳۱: فرزندان آدم، آراستگی ظاهری و باطن تان را در هر نماز رعایت کنید. در زندگی بخورید و بیاشامید ولی اسراف نکنید که خدا اسراف کاران را دوست ندارد.

انفال ۴-۲: مسلمانان واقعی کسانی‌اند که وقتی ذکر خدا به میان بیاید دلهایشان به تب و تاب می‌افتد و آن وقت که آیه‌های الهی برایشان خوانده شود، آن آیه‌ها ایمان‌شان را زیاد میکند و به خدا توکل می‌کنند **همانان که نماز را با آدابش میخوانند و از آن چه روزی‌شان کرده‌ایم در راه خدا هزینه می‌کنند آنان مسلمان واقعی‌اند** و رتبه‌های برتر پیش خدا دارند و آمرزش و روزی ناب نصیبشان می‌شود.

توبه۷۱:..... مردان و زنان مسلمان دوستان و یاوران همدیگرند، امر به معروف و نهی از منکر می‌کنند، نماز را با آدابش می‌خوانند، صدقه می‌دهند و از خدا و رسولش پیروی می‌کنند. به همین زودی‌ها خدا از لطفت خودش برخوردارشان می‌کند، چون خدا شکست ناپذیر کار درست است.

هود ۱۱۵-۱۱۴: نماز صبح، ظهر، عصر و مغرب و عشا را در صبح تا اوایل شب بخوان، زیرا **کارهای خوب، مانند نماز بدی‌ها را از بین می‌برد**. این نوعی یادآوری است برای کسانی که به خود می‌آیند و صبوری پیشه کن که خدا پاداش درستکاران را پایمال نمی‌کند.

ابراهیم ۳۱: پیامبر، **به بندگان با ایمانم سفارش کن که نماز را با آدابش بخوانند** و از آنچه به آنها روزی کرده‌ایم پنهان و آشکار در راه خدا هزینه کنند. قبل از آن که روزی برسد که نه خرید و فروشی در کار است و نه رفاقتی.

اسراء ۷۸: نماز ظهر و عصر را در فاصله ظهر تا مغرب به خوان و نماز مغرب و عشا را تا نصفه شب. نماز صبح را هم به وقتش، در واقع نماز صبح با آرامش بیشتری خوانده می‌شود.

مریم ۶۰-۵۹: سپس جانشین آن مردم خداپرست قومی شدند که نماز را ضایع کرده، شهوات نفس را پیروی کردند و اینها به زودی کیفر گمراهی خود را خواهند یافت. **مگر آنکس که توبه کند و به خدا ایمان آورد و نیکوکار شود** در این صورت بی‌هیچ ستم به بهشت ابد داخل خواهد شد.

حج ۷۸-۷۷:ای مسلمانان، نمازِ با رکوع و سجده کامل به جا بیاورید، خدا را بندگی کنید، کارهای خیر بکنید و برای مبارزه همه جانبه در راه خدا سنگ تمام بگذارید به امید آنکه در دنیا و آخرت خوشبخت بشوید.

خدا بود که از بین شما، گروهی انتخاب کرد .... تا شاهد کارهای مردم باشند و پیامبر اکرم ﷺ هم شاهد کارهای شما باشد **البته در دین اسلام که همان دین ابراهیم است، خدا به شما سخت نگرفت. هم او بود که شما را در کتابهای آسمانی قبلی و در این قرآن مسلمان نامید،** بنابراین نماز را با آدابش بخوانید و صدقه بدهید و خودتان را به خدا بسپارید که او همه کاره ی شماست، خوب همه کارها است و خوب یار و یاوری

نور ۵۶-۵۵: گروهی از شما مسلمانان که ایمان واقعی آورده‌اند و کارهای خوب کرده‌اند، خدا به آنان چنین وعده داده است، همانطور که در گذشته، بندگان شایسته را جانشین دیگران قرار داد آنان را هم در زمین جانشین قبلی‌ها می‌کند. اسلام را هم که دین پسندیده برایشان قرار داده است، پابرجا می‌سازد و ترس‌شان را به امنیت تبدیل می‌کند. آنان طوری مرا عبادت می‌کنند که به جای من چیزی را نپرستند کسانی که بعد از تحقق این وعده، با بی‌دینی و آلوده شدن به گناهان ناشکری کنند گروهی منحرف‌اند .

نماز را با آدابش بخوانید و صدقه بدهید و گوش به فرمان پیامبر باشید تا وعده الهی درباره حکومت صالحان در زمین در زمان شما عملی شود.

روم ۳۲-۳۱:...... به دین رو بیاورید که دارید به طرف خدا می‌روید در حضورش مراقب رفتارتان باشید و نماز را با آدابش بخوانید. جزو بود پرست‌ها هم نباشید، همان کسانی که با دین‌شان برخورد گزینشی می‌کنند به گروه‌های مختلف تقسیم می‌شوند. هر فرقه‌ای به تکه‌ای از دین که انتخاب کرده‌اند دل خوش کردند.

اعراف ۳۱: فرزندان آدم، آراستگی ظاهری و باطنی تان را در هر نماز رعایت کنید در زندگی بخورید و بیاشامید ولی ریخت و پاش نکنید که خدا اسراف کارها را دوست ندارد.

ادامه فصل ۴

سفارش خداوند به روزه

«ای کسانی که ایمان آورده‌اید روزه بر شما مقرر شده است، همانگونه که بر کسانی که پیش از شما بودند مقرر شده بود باشد که پرهیزگار شوید.»

(بقره ۱۸۳)

درباره روزه خداوند در قرآن کریم تاکید فرموده چنانچه در آیه ۱۸۳ سوره بقره می‌فرماید: «ای کسانی که ایمان آورده‌اید، روزه بر شما مقرر شده است، همانگونه که بر کسانی که پیش از شما بودند مقرر شده بود. باشد که پرهیزگاری کنید.»

تقوا و پرهیزکاری به معنای خویشتن داری از گناه است، بیشتر گناهان از دو ریشه غضب و شهوت سرچشمه می‌گیرند و البته حرص و طمع و زیاده خواهی از دیگر گناهان است ولی روزه جلوی تندی‌های این دو غریزه را

می‌گیرد و لذا سبب کاهش فساد و افزایش تقوا است. **تقوا و خدا ترسی در ظاهر و باطن مهمترین اثر روزه است. روزه اراده انسان را قوی می‌کند و باعث تقویت عاطفه می‌شود.**

رسول خدا فرمودند: « روزه نصف صبر است. » دستورات الهی به گونه‌ای است که حداقل را بر همه واجب کرده است و بیش از آن را در اختیار انسان می‌گذارد و انجام دستورات خداوند آثار خوبی دارد که به خود انسان باز می‌گردد. سفارش خداوند به روزه در ماه رمضان بسیار اهمیت دارد. ماه رمضان ماه نزول قرآن است و تنها ماهی است که نامش در قرآن آمده است. شب قدر نیز در این ماه است. « از پیامبر اکرم ﷺ نقل است که تمام کتاب‌های آسمانی در ماه رمضان نازل شده‌اند و ماه رمضان ماه خداست[۱]. »

در لحظات با ارزش رمضان، روزه دار گرسنگی و تشنگی روز قیامت و گرسنگی و تشنگی فقرا را در می‌یابد و به فقرا و گرسنگان دستگیری می‌کند و سعی می‌کند با دیگران ملاطفت و نرم خوئی رفتار کند. انسان روزه دار بسیار تلاش می‌کند در حفظ زبان خود. زبان نه در جنینی و نه در برزخ و نه در قیامت نمی‌تواند عمل کند فقط در دنیا اختیار دارد، پس حفظ کنید آن را

آدم روزه دار باید زبان خود را از گفته‌های هرز، دروغ، غیبت، تهمت و ناسزا و آنچه در این وادی قرار می‌گیرد خالی کند.

روزه بخصوص در ماه مبارک رمضان که ماه ضیافت است و میزبان یعنی خدای تعالی روح مهمان یعنی روزه دار را مورد تکریم قرار می‌دهد.

در ماه رمضان سفره خدا پهن است سفره برکات فراوان و بخشش. بگیرید از خدا برکاتش را و رحمت هایش را و مغفرتش را.

---

۱. تفسیر نور صفحه ۲۸۷

و اما آیات قرآن کریم در مورد روزه:

بقره ۱۸۳ و ۱۸۴: مسلمانان، همانطور که بر مردمان پیش از شما روزه واجب بود بر شما هم واجب است تا خود مراقب بشوید روز هایش هم مشخص است. البته هر کدامتان که مریض یا در سفرید روزهای دیگری را به جایش روزه بگیرید. **کسانی که روزه برایشان طاقت فرسا است به جای هر روز به فقیری وعده غذا بدهند** و البته اگر داوطلبانه روزه بگیرند برایشان بهتر است در کل اگر بخواهید بدانید روزه گرفتن برایتان خوب است.

بقره ۱۸۵: **ماه رمضان ماهی است که در آن قرآن برای مردم فرستاده شده است**. و قرآن نشانه‌های روشن برای هدایت دارد و جداکننده‌ی حق از باطل است. پس هر کدامتان که وارد این ماه شدید باید آن را روزه بگیرید. ولی آنهایی که مریض یا در سفرند، روزهای دیگری را به جای آن روزه بگیرند تا یک ماه کامل شود. **خدا راحتی تان را میخواهد سختی تان را نمی‌خواهد**. بله خدا توفیق روزه گرفتن را به شما داد تا برای این گونه هدایت هایش به بزرگی یاد کنید و شکرش را به جای آورید.

فصل ۵

سفارش خداوند برای حلال‌ها و حرام‌ها

«از تو می‌پرسند که چه خوردنی‌هایی برای‌شان حلال است؟ بگو: «همه چیزهای پاک و پاکیزه برایتان حلال است.»

(مائده ۴)

اسلام همواره مردم را به بهره بردن از نعمت‌های پاک و حلال خداوند سفارش نموده و با هرگونه رهبانیّت و زُهد بی‌جا مبارزه می‌نماید لذا همه خوردنی‌های ناسالم را از شیطان می‌داند و هم نخوردن نابجا را گام شیطان می‌داند. اسلام به زندگی مادی انسان توجه کامل دارد و در راس آن‌ها نیازهای غذایی است که ده‌ها آیه آمده است و یکی از وظایف انبیا نیز بیان خوردنی‌ها و آشامیدنی‌های حلال و حرام است. چنان چه می‌فرماید: « بخورید و بیاشامید[1].....»

---

۱. بقره ۶۰

ولی در زمین فساد نکنید و یا می‌فرماید: « بخورید و بیاشامید ولی اسراف نکنید [۱]. »

و یا می‌فرمایند: « بخورید و اطعام کنید [۲]. »

و سفارش می‌فرماید: « از نعمتهای پاکیزه خداوند بخورید و شکر خدا را به جای آورید [۳]. »

در آیه ۱۷۳ سوره بقره به دنبال آن که فرمود حلال‌های خدا را برخود حرام نکنید خداوند فقط مُردار و خون و گوشت خوک و هر حیوانی که مانند زمان جاهلیت نام غیر خدا را هنگام ذبح میبرند حرام کرده است. [۴]

به فرموده امام صادق علیه السلام: « گوشت مردار سبب ضعف بدن و مرگ ناگهانی می‌شود و خوردن خون سبب سنگولی و قساوت قلب است و طبق نظریه‌های بهداشتی گوشت خوک عامل دو نوع کرم کدو و تریشین است و حتی در بعضی کشورهای غیر اسلامی هم مصرف گوشت خوک را ممنوع نموده‌اند و در انجیل حضرت مسیح نیز گناهکاران را به خوک تشبیه نموده [۵]. »

ولی با این حال کسی که برای حفظ جان خود هیچ غذایی نداشته باشد می‌تواند به خاطر اضطرار از غذاهای حرام استفاده کند و این اجازه از لطف و مهربان خداست.

۱. اعراف ۳۱
۲. حج ۲۸
۳. بقره ۱۷۲
۴. تفسیر نور ۲۶۳
۵. تفسیر نور صفحه ۲۶۴

احکام اسلام بر اساس مصالح است و تحریم‌های الهی نه تنها به جهت مسائل طبی و بهداشتی است بلکه گاهی دلیل مسائل اعتقادی، فکری و تربیتی دارد. مثلاً تحریم گوشت حیوانی که نام غیر خدا بر آن برده شده است به خاطر شرک زدایی است. توجه به خداوند و بردن نام او و او در ذبح حیوانات لازم است. تا هیچ کار ما خارج از مدار توحید نباشد و با مظاهر شرک و بت پرستی مبارزه کنیم. اسلام دین جامعی است که در هیچ مرحله بن بست ندارد و در هر تکلیفی در هنگام اضطرار قابل رفع است.

و آیات قرآن کریم راجع به حلال‌ها و حرام‌ها :

بقره ۱۷۲: مسلمانان، از نعمتهای پاک و پاکیزه بخورید که روزیتان کرده‌ایم و اگر فقط خدا را بندگی می‌کنید فقط او را شکر کنید.

بقره ۱۷۳: خدا خوردن اینها را بر شما حرام کرده است، حیوان مرده، خون، گوشت خوک و حیوان حلال گوشتی که وقت سر بریدنش نام غیر خدا را بر آن برده‌اند. البته هر که برای حفظ جانش به اندازه ضرورت مجبور به خوردنشان بشود سهل انگاری نکرده است چون خدا آمرزنده مهربان است.

مائده ۳: خوردن اینها بر شما حرام است. حیوان مرده، خون، گوشت خوک، حیوان حلال گوشتی که با نام غیر خدا سر بریده شود. حیوانی که خفه شده یا با کتک خوردن و یا پرت شدن از بلندی یا با شاخ زدنِ حیوان دیگری تلف شده باشد و نیز نیم خورده درندگان، مگر آن که نمرده‌اند سرشان را به ببرید. حیوانی که در برابر بت‌ها قربانی شده گوشتی که با قماربازی تقسیم کرده‌اند بر شما حرام است. همه این کارها انحراف از دستورهای خداست، البته هر کس به گرسنگی شدید دچار شود و به اندازه ضرورت مجبور به خوردن‌شان شود سهل انگاری نکرده، زیرا خدا آمرزنده مهربان است....

مائده ۴: از تو می‌پرسند که چه خوردنی‌هایی برای‌شان حلال است؟ بگو: « همه چیزهای پاک و پاکیزه برایتان حلال است. از صیدی بخورید که حیوانات شکاری دست آموزتان می‌گیرند. این شکار کردن را از آموخته‌های خدا دادیتان به آنها یاد داده‌اید. وقت فرستادن حیوان شکاری نام خدا را ببرید. برای تفریح و خوش گذرانی سراغش کار نروید، زیرا خدا به سرعت حسابرسی می‌کند.

مائده ۵: بله امروز همه چیزهای پاک و پاکیزه برایتان حلال است هم غذاهای اهل کتاب برای شما حلال است و هم غذاهای شما برای آنها....

آل عمران ۹۴: بعد از این توضیحات کسانی که درباره حرام‌ها و حلال‌ها نسبت دروغ به خدا می‌دهند واقعاً بد کارند.

مائده ۹۱: شیطان می‌خواهد با شراب خواری و قمار بازی، تخم دشمنی و کینه توزی بینتان بکارد و از یاد خدا و نماز بازتان بدارد پس با این همه مفاسد، نمی‌خواهید تمامش کنید؟

انعام ۱۲۱: از حیوانات حلال گوشتی که وقت سربریدن نام خدا را برآن‌ها نبرده‌اند نخورید، چون این کار انحراف از فرمان خداست، شیطان دوستان بی‌دینش را وسوسه می‌کند تا درباره خوردن گوشت‌ها با شما بگو مگو کنند، اگر با آنها هم عقیده و هم عمل شوید، البته که به همان اندازه بی‌دین هستید! [۱]

انعام ۱۱۸ تا ۱۱۹: اگر آیه‌های خدا را واقعاً باور دارید، از حیوانات حلال گوشتی بخورید که وقت سر بریدن نام خدا بر آنها بریده شده است چه تان

---

۱. بی‌دینی سه نوع است:

۱- بی‌دین اعتقادی، ۲- بی‌دین زبانی، ۳- بی‌دین عملی، عمل نکردن به دستورهای دین و سهل انگاری در آنها سر از بی‌دینی عملی در خواهد آورد خداوند در جای جای قرآن، بی‌دینی بعضی مسلمان‌ها را گوشزد کرده است. (مترجم قرآن)

شده که از حیوانات حلال گوشت نمی‌خورید که وقت سربریدن نام خدا بر آنها برده شده است. **در صورتی که شفاف گفته شده چه چیزهایی را برایتان حلال کرده است. مگر اینکه برای حفظ جانتان به خوردن چیزهای حرام مجبور بشوید. خیلی‌ها خودسرانه و بدون آگاهی با حلال و حرام کردن چیزها مردم ساده لوح را گمراه می‌کنند. خدا خوب می‌داند وضع و حال آنهایی را که از خط قرمزی‌های الهی بگذرند.**

انعام ۱۴۲: اوست که از رده چهارپایان، حیواناتی باربر و گوشتی آفرید. از این نعمت‌هایی که روزی تان کرده‌ایم استفاده کنید و با حرام دانستن آنها، پا جای پای شیطان نگذارید که او دشمن عَلنی شماست.

نحل ۱۱۸ – ۱۱۶: هر حرفی به زبان تان می‌آید نگویید، به دروغ نگویید « این حلال است و آن حرام. » تا با این کار، دروغ به خدا نسبت بدهید. کسانی که به خدا دروغ می‌بندند خوشبخت نمی‌شوند. ممکن است با این دروغ بافی، بهره ناچیزی گیرشان بیاید، ولی عذابی زجر آور هم نصیبشان می‌شود.

البته برای یهودیان، نعمت‌هایی دیگری را هم حرام کردیم که قبلاً برایت شرح داده‌ایم. در واقع ما به آنها بدی نکردیم بلکه آنها خودشان به خود بدی کردند.

مائده ۸۸ - ۸۷: مسلمانان چیزهای پاکیزه‌ای را که خدا برای استفاده تان حلال کرده بر خودتان حرام نکنید ولی از خط قرمزها عبور نکنید چون که خدا دوست ندارد آنهایی را که از خط قرمزی‌ها بگذرند. **از چیزهای پاک و پاکیزه که خداوند روزی تان کرده است استفاده کنید و در حضور خدایی که باورش دارید، خودسرانه حلال و حرام نکنید.**

اعراف ۳۳-۳۲: بپرس: « **استفاده از زیورها و خوراکی‌های پاک و پاکیزه‌ای را که خدا برای بندگانش آفریده، چه کسی ممنوع کرده است؟** » و بگو: « این نعمت‌ها، در زندگی این دنیا برای مومنان است و دیگران هم استفاده می‌کنند، اما روز قیامت تمام نعمت‌ها در بست برای مومنان است » برای مردم خوش فهم، آیه‌های خود را اینطور توضیح بده. بگو: « خدا این‌ها را یقیناً ممنوع کرده است، هر کار زشتی چه آشکار باشد چه مخفی، هرگونه سهل انگاری و سرکشی به ناحق» اینکه چیزی را شریک خدا بدانید که خدا دلیلی بر دوستی اش نفرستاده و اینکه حرف‌هایی به خدا نسبت بدهید از روی نادانی.

انعام ۱۵۴ – ۱۵۱: به همه بگو: « بیایید آنچه خدا حرام کرده است برایتان بخوانم: چیزی را به جای او نپرستید، به پدر و مادر بدی نکنید و تا می‌توانید بی‌واسطه به آنان خوبی کنید. بچه هایتان را از سر فقر و نداری نکشید چون روزی شما و آنها را ما می‌دهیم. در اطراف کارهای زشت نگردید، چه آشکار باشد و چه مخفی. آدم بی‌گناه را که خدا جانش را محترم می‌داند نکشید، مگر اینکه شرعاً حقش باشد .خدا به شما اینطور سفارش کرده است تا عقلتان را به کار بیندازید.

هم چنین به اموال یتیم دست نزنید، مگر اینکه برای حفظ و افزایش آن باشد تا اینکه او به رشد کافی برسد. پیمانه و ترازو ایتان را درست و دقیق کنید. عمل به این سفارش‌ها سخت نیست چون هر کس را فقط به اندازه توانش مسئول می‌دانیم.

وقتی نظر خود را می‌گویید **انصاف را رعایت کنید هرچند درباره نزدیکانتان باشد. دست آخر اینکه به دینتان پایبند باشید** خدا به شما اینطور سفارش کرده است تا به خودتان بیایید این ده فرمان را به پیامبران گذشته هم

رساندیم. بعد به موسی تورات را دادیم تا نعمت هایمان را برای عمل کنندگان به این توصیه‌های کامل کنیم و توضیح بیشتری درباره تمام مسائل لازم بدهیم و تا مایه راهنمایی و رحمت برای‌شان باشد.

بنی اسرائیل ۳۵-۳۴: به اموال یتیم دست نزنید مگر برای حفظ و افزایش آن تا اینکه به سن رشد برسد. به عهدهای خود وفا کنید که درباره **عمل به عهدهای تان باید جوابگو باشید** وقتی میخواهید چیزی را به مردم بفروشید درست بکشید و با ترازوی دقیق وصل کنید که این کار به سود شما و مایه امنیت اقتصادی جامعه است.

فصل ۶

سفارش خداوند به اعمال نیک، فردی و خانوادگی و اجتماعی

> « کسانی که در وقت راحتی و در سختی در راه خدا هزینه می‌کنند و در موقع عصبانیت خودشان را کنترل می‌کنند و خطاهای مردم را ندیده می‌گیرند، خدا چنین درستکارانی را دوست دارد »
>
> (آل عمران ۱۳۴)

به طور خلاصه سفارشات خداوند را می‌توان از بعضی آیات قرآن کریم اینگونه اشاره نمود:

آل عمران ۱۵۹: سلام کردن به مردم، خوش رفتاری با مردم و مشورت با مردم

نساء ۸۶: پاسخ بهتر دادن به محبت مردم

مومنان ۹۵: بهترین رفتار در مقابل اذیت مردم

آل عمران ۱۳۴: گذشت از لغزش‌های مردم

بقره ۸۳: زیبا سخن گفتن با مردم

قصص ۷۷: احسان و خدمت به مردم

حجرات ۱۲: جستجو نکردن و تجسس نکردن از عقاید مردم

صف ۳: مدارا نمودن با مردم و پذیرفتن عذر مردم و از مردم عیب جویی نکنید.

اسراء ۵۳: به مسلمانان سفارش کن که خوش رفتار ترین باشند.

نحل ۹۰: به عدالت و خیرخواهی برای مردم سفارش فرموده.

لقمان ۲۸: در برابر محرومان متواضع باشید و از تکبر بپرهیزید.

نور ۲۲: اگر به شما مردم ستم کردند آنها را ببخشید.

حجرات ۱۱: به مردم بدگمان نباشید، از مردم غیبت نکنید، هیچگاه مردم را مسخره نکنید.

فصلت ۳۳ و نحل ۱۲۵: مردم را با سخن خوب به سوی خدا دعوت کنید.

مومنون ۹۶: اگر به شما بدی کردند شما بدی را با خوبی از بین ببرید

هود ۶۹: غذای خوب و مفید برای مهمان تهیه کنید

اعراف ۳۱: به مقدار متعارف غذا بخورید و اسراف نکنید

مجادله ۹: (در مجالس) با مهمان‌های دیگر در گوشی صحبت نکنید در اسلام به صله رحم خیلی تاکید گردیده است[1] از جمله:

---

۱. تفسیر نور جلد ۱ صفحه ۸۳

–با بستگان خود دیدار داشته باشید حتی در حد نوشاندن آبی باشد

–با صله رحم رزق توسعه می‌یابد.

–به سراغ بستگان بروید گرچه آنها بی‌اعتنایی کنند.

–صله رحم کنید هرچند فامیل از نیکان نباشد.

–صله رحم کنید گرچه با سلام کردن باشد.

–صله رحم مرگ و حساب روز قیامت را آسان می‌کند.

–صله رحم باعث تزکیه عمل و رشد اموال می‌شود.

–کمک مالی به فامیل بیست و چهار برابر کمک به دیگران پاداش دارد

در مورد وفای به عهد که از مسائل مهمی است خداوند بر آن تاکید فرموده. در اسلام وفای به عهد واجب است حتی نسبت به کفار و عهد شکن منافق معرفی شده است هرچند که اهل نماز باشد. رسول خدا ﷺ فرمودند: « آنکس که پای بند تعهدات خود نیست از دین بهره‌ای ندارد [۱].»

وفای به عهد کمالی است که خداوند خود را به آن ستوده است.

«کیست که بهتر از خدا به پیمانش وفا کند [۲].»

وفای به عهد حتی نسبت به مشرکین هم لازم است. چنانچه می‌فرماید: «تا پایان مدت قرارداد که با مشرکین بسته‌اید وفادار باشید [۳].»

---

۱. بحار جلد ۷۲ صفحه ۱۹۸

۲. سوره توبه ۱۱۱

۳. سوره توبه ۲

عهد و پیمان دو گونه است:

۱- عهد و پیمانی که مردم با یکدیگر می‌بندند و باید به آن وفادار باشند.

۲ - عهد و پیمانی که خداوند برای رهبری جامعه به عهده پیامبر یا امام قرار می‌دهد که این عهد مقام الهی است در سوره بقره آیه ۱۲۴ می‌فرماید:

« وقتی خدا ابراهیم را با حوادثی مهم امتحان کرد و وی را در امتحان‌ها موفق ساخت، فرمود: « من تورو راهبر مردم میکنم. » گفت: « و از فرزندان و نسلم چطور؟ » فرمود: « البته این مقام سنگین به بدکارها نمی‌رسد و به معصومان آری. »

بخشی از این پیمان‌های الهی که این آیه‌ها بر آن تاکید دارد همان پیمان‌های فطری است که خداوند در نهاد همه افراد بشر قرار داده است.

از دیگر سفارشات خداوند که به مردم سفارش و تاکید گردیده برای پرهیز از ظن و گمان و قضاوت‌های عجولانه و بدون علم است چنانچه می‌فرماید: « از آنچه نمی‌دانی پیروی نکن چرا که گوش و چشم و دل همه مسئولند [1]»

امام صادق می‌فرمایند: « از حقیقت ایمان این است که گفتارت از علمت فزونتر نباشد و بیش از آنچه نمی‌دانی نگویی [2]»

در سوره یونس آیه ۳۶ خداوند می‌فرماید: « اکثر آنها در قضاوت‌های خود تنها از ظنّ و گمان پیروی می‌کنند در حالی که ظن و گمان به هیچ وجه انسان را به حق و حقیقت نمی‌رساند. »

---

[1] سوره اسراء آیه ۳۶

[2] وسائل الشیعه جلد ۱۸ صفحه ۳۸

ظن و گمان عامل بسیاری از نابسامانی‌ها است و بسیاری از نابسامانی‌های جوامع از شایعه سازی و جوّ سازی و قضاوتهای عجولانه و گُمان‌های بی‌اساس و اخبارمشکوک و دروغ سرچشمه می‌گیرد.

از دیگر مسائلی که در قرآن تاکید شده است در مورد نفاق و منافق است. **نفاق دارای معنای گسترده‌ای است که هرکس زبان و عملش هماهنگ نباشد سهمی از نفاق است** در حدیث می‌خوانیم: « اگر به امانت خیانت کردیم و در گفتار دروغ گفتیم به وعده‌های خود عمل نکردیم منافق هستیم گرچه اهل نماز و روزه باشیم [۱]. »

ریاکاری نوعی نفاق است. قرآن کریم می‌فرماید: « منافقان به پندار خود با خداوند و مومنان نیرنگ می‌کنند درحالی که جز خودشان را فریب نمی‌دهند. [۲]»

قرآن بازتاب کار نیک و بد انسان را برای خود او می‌داند چنانچه می‌فرماید: « اگر خوبی کنید به خودتان خوبی کرده‌اید و اگر هم بدی کنید به خودتان بد کرده‌اید [۳]... »

و همچنین ایجاد شک و تردید در مردم در اسلام ممنوع است .امتیاز انسان به شناخت است و کسانی که با ایجاد شک و وسوسه و شیطنت حق را از مردم می‌پوشانند و شناخت صحیح را از مردم می‌گیرند در حقیقت یگانه امتیاز انسان بودن را گرفته‌اند و این بزرگترین ظلم است .چنانچه می‌فرماید: « **حق را وارونه جلوه ندهید و حقیقت را آگاهانه کتمان نکنید [۴].**»

---

۱. سفنیه البحار جلد ۳ صفحه ۶۰۵
۲. سوره بقره آیه ۹
۳. سوره اسراء آیه ۷
۴. سوره بقره آیه ۴۲

نه حق را با باطل مخلوط کنیم و آن را تغییر دهیم و نه باطل را در لباس حق مطرح سازیم. وجدان و فطرت بهترین الگو بر حق پوشی انسان است.

و اکنون به آیات قرآن کریم در مورد رفتارهای فردی، خانوادگی و اجتماعی می‌پردازیم:

بقره ۱۷۷: خوبی فقط این نیست که برای عبادت به طرف شرق یا غرب عالم بایستید بلکه خوبی اصل کاری این است که انسان‌ها خدا، روز قیامت، فرشتگان، کتاب آسمانی و پیامبران را باور کنند و اموالشان را با همه علاقه‌ای که به آن دارند، برای خویشان، یتیمان، درماندگان، در راه مانده‌ها، فقیران و در راه آزادی بردگان مصرف کنند. و نماز را با آدابش بخوانند و زکات بدهند و وقتی تعهد می‌دهند به تعهدشان وفادار بمانند و به ویژه در سختی‌ها و خسارت‌ها و در میدان جنگ، صبور باشند. همین هایند که صداقت دارند و خود مراقبان واقعی‌اند .

بقره ۲۰۲-۲۰۱: عده‌ای اینطور دعا می‌کنند: « خدایا، به ما در این دنیا خوبی بده و در آخرت هم خوبی بده و از عذاب جهنم حفظمان کن » **البته همه دعا کنندگان تاثیر دعاهای خود را به اندازه کار و تلاش‌شان می‌بینند،** زیرا خدا به سرعت حسابرسی می‌کند.

بقره ۲۰۹: پیامبر، از تو درباره شراب و قمار می‌پرسند. بگو: « گناه شراب خواری و قمار بازی بزرگ است. البته منافع کم و کاذب‌ای هم برای مردم دارند، ولی ضررشان بیشتر است از سودشان: »

بقره ۲۲۰-۲۱۹: از تو درباره یتیمان می‌پرسند بگو: « سر و سامان دادن به زندگی آنان، با مدیریت صحیح اموال‌شان بهتر از این است که رهایشان کنید.

اگر آنان را جزو زندگی خودتان هم کردید، انگار که برادرانتان هستند. البته خدا خرابکار را از درستکار تشخیص می‌دهد ... »

بقره ۲۲۵-۲۲۳: بانوانتان کشتزار شمایند، پس هر طور که می‌خواهید وارد کشتزارتان شوید و با تربیت فرزندان شایسته، برای آخرت خود کاری بکنید. **در حضور خدا، مراقب رفتارتان با اعضای خانواده باشید** و بدانید دست آخر خدا را ملاقات می‌کنید. این ملاقات را به مومنان اهل رعایت مژده بده.

در هر کاری فوراً به نام خدا قسم نخورید تا برای نیکوکاری و خود مراقبتی و آشتی دادن مردم توفیق پیدا کنید خدا شنوای داناست البته برای قسم هایتان از روی لقلقه زبان، خدا بازخواست تان نمی‌کند ولی برای قسم‌های جدّی تان بازخواستتان خواهد کرد .خدا آمرزنده بردبار است.

بقره ۲۲۹: طلاق رِجعی دو بار مجاز است، پس مردی که متقاضی طلاق است باید با زنی که طلاقش داده است به خوشی آشتی کند یا به خوبی از او جدا شود در این نوع طلاق حق ندارید چیزی از آنچه به زنان داده‌اید پس بگیرید. اما وقتی زن طلاق بخواهد یا هر دوی آنها.... اشکالی ندارد که زن در عوض طلاق از مهریه اش بگذرد یا حتی بیشتر از آن به شوهر بپردازد، اینها خط قرمزهای الهی است آنها را زیر پا نگذارید، چون آنهایی که خط قرمزهای الهی را زیر پا بگذارند واقعاً بدکارند.

در طلاق رِجعی اگر مرد دفعه سوم طلاقش داد دیگر آن زن برایش حلال نیست مگر اینکه زن با مرد دیگری ازدواج کند، اگر شوهر بعدی طلاقش داد، اشکالی ندارد زن و آن شوهر قبلی دوباره ازدواج کنند، البته در صورتی که امیدوار باشند حقوق زناشویی را رعایت کنند. اینها خط قرمزهای الهی است که خدا برای مردم خوش فهم بیانشان می‌کند.

بقره ۲۳۱: وقتی زنان را طلاق دادید و آنان به پایان عده خود نزدیک شدند به خوشی با آنها آشتی کنید یا به خوبی از آنها جدا شوید. به قصد اذیت و آزار هم نگه‌شان ندارید تا به آنها بد کرده باشید. هرکه این طور کند یقیناً به خودش بد کرده است.

قوانین خدا را به مسخره نگیرید. به یاد بیاورید نعمت‌های خدا را و آنچه را از قرآن و حکمت برایتان فرستاده و با آن پند تان می‌دهد. **در حضور خدا مراقب رفتارتان باشید و بدانید خدا همه چیز را می‌داند.**

آل عمران ۲۹-۲۸: مسلمانان نباید به جای دوستی با مسلمانان با بی‌دین‌ها طرح دوستی بریزند، هر که چنین ارتباطی با آنها برقرار کند دیگر هیچ رابطه‌ای با خدا نخواهد داشت مگر آنکه بخواهید از شرشان در امان بمانید .خدا شما را از عذاب می‌ترساند و به او ختم می‌شود آخر عاقبت همه. بگو: « آنچه در دل هایتان است که مخفی اش کنید چه آشکار، خدا آن را می‌دانند و آنچه را هم در آسمانها و زمین است می‌داند، آخر خدا از عهده هر کاری برمی‌آید. »

آل عمران ۱۳۸-۱۳۴: کسانی که در وقت راحتی و در سختی در راه خدا هزینه می‌کنند و در عصبانیت خودشان را کنترل می‌کنند و خطاهای مردم را ندیده می‌گیرند، خدا چنین درست کارانی را دوست دارد.

همینطور بهشت آماده شده است برای کسانی که اگر از روی غفلت کار زشتی انجام بدهند یا به خودشان بد کنند، فوری به یاد خدا می‌افتند و از گناهانشان آمرزش می‌خواهند، مگر جز خدا چه کسی گناهان را می‌آمرزد در ضمن بر آن کاری که کرده‌اند و می‌دانند گناه است پافشاری نمی‌کند پاداش چنین کسانی آمرزش خداست و باغ‌هایی پر درخت که در آن جوی‌ها روان است. همیشه آنجا ماندنی هستند. خوب پاداشی است، پاداش اهل عمل. البته قبلا از شما حوادث عبرت آموزی پیش آمده، به گوشه و کنار دنیا سفر کنید و

ببینید آخر عاقبت کسانی که آیه‌های خدا را دروغ دانستند چه شد. این قرآن برای عموم مردم آن حوادث را توضیح می‌دهد. همچنین دستگاه خود مراقبان را می‌گیرد و مایه عبرت‌شان است .

آل عمران ۲۰۰:ای مسلمانان در زندگی صبور باشید و در زندگی اجتماعی صبرهایتان را یک کاسه کنید. همچنین در برابر فتنه‌ها همبستگی تان را تقویت کنید **و در حضور خدا مراقب رفتارتان باشید تا خوشبخت شوید.**

نساء ۲-۱: مردم، در حضور خدا مراقب رفتارتان باشید، همان که از یک انسان آفریدتان و همسرش را هم از جنس او آفرید و از آن زوج مردان و زنان زیادی در دنیا پراکند. بلکه در حضور خدایی که برای درخواست‌های تان به او قسم می‌خورید، **مراقب رفتارتان باشید و با خویشان قطع رابطه نکنید** خدا در همه حال مراقب شماست. اموال یتیمان را وقتی بزرگ شدند به خودشان برگردانید، بی‌آنکه اموال نامرغوبتان را با اموال مرغوب آنها عوض کنید یا اموالشان را یکجا بالا بکشید. این‌ها گناهی بزرگ است.

نساء ۴: مهریه بانوان را با رغبت و هدیه وار به آنها بپردازید اگر بخشی از مهریه را از ته دل به شما بخشند حلال و باورهای تان باد.

نساء ۷: مردها از اموالی که پدر و مادر و بستگان نزدیک بعد از مرگ به جا می‌گذارند سهمی از ارث می‌برند و زن‌ها هم از اموالی که پدر و مادر و بستگان نزدیک بعد از مرگ به جا می‌گذارند سهمی از ارث می‌برند. چه آن مال کم باشد و چه زیاد رعایت این سقف‌ها واجب است .[1]

---

۱. (باید توجه داشت که خدای متعال این قانون را زمانی به مردم سفارش فرمود که زنان هیچگونه حق و حقوقی در همه دنیا نداشتند و اصلاً به حساب نمی‌آمدند.)

نساء ۱۹: .... بانوان تان را تحت فشار نگذارید تا قسمتی از مخارج زندگی یا مهریه‌ای را که به آنان داده‌اید از چنگ‌شان در بیاورید مگر آن که مرتکب فحشا شوند. **همچنین با بانوان تان خوش رفتاری کنید** و اگر احیاناً از آنان خوشتان نمی‌آید فوری به فکر جدایی نیفتید، چه بسا از چیزی خوشتان نمی‌آید و خدا خیر بسیاری در آن گذاشته باشد.

نساء ۸۶-۸۵: هرکس واسطه خیری به شود سهمی از آن می‌برد هرکس واسطه ی کار شرّی بشود در آن شریک است، چون که خدا مراقب همه چیز و همه کاری هست .

چنانچه سلام یا تعارفی با شما کردند یا به صورتی بهتر جواب بدهید یا دست کم به همان صورت. زیرا خدا همه چیز را محاسبه میکنند.

نساء ۱۱۲-۱۱۱: هر که کار بدی انجام دهد یا به خودش بد کند، آن وقت از خدا آموزش بخواهد خواهد دید که او آمرزنده مهربان است. بله هر که مرتکب هرگونه سهل انگاری شود فقط به زیان خودش کار کرده است و خدا دانا کار درست است. البته از هر که خطائی سر بزند یا مرتکب سهل انگاری بشود، بعد آن را به شخص بی‌گناهی نسبت بدهد، یقیناً زیر بار تهمت و گناه فاحشی رفته است.

نساء ۱۳۰-۱۲۹: مردان که چند همسر دارید اگر خودتان را هم بکشید محال است بتوانید علاقه مساوی به همه آنها داشته باشید ولی اگر یکی از آنها را کمتر دوست دارید، رابطه سردی با او در پیش نگیرید و مثل زن بی‌شوهر به حال خودش رهایش نکنید. **اگر با بانوان تان مهربانی کنید و مراقب رفتارتان باشید، خدا هم چهره آمرزنده و مهربانش را نشانتان می‌دهد.** اگر زن و شوهری ناچار به طلاق شوند، خدا با پیدا کردن همسر مناسب برای هرکدام

شان، در سایه رحمت گسترده خودش بی‌نیازشان می‌کند چون خدا روزی گستر کار درست است.

نساء ۱۱۶: خدا این عقیده را که برایش شریکی قائل باشید بدون توبه نمی‌آمرزد، ولی گناهان دیگر را برای هر که صلاح بداند حتی بی‌توبه می‌بخشد. آنهایی که برای خدا شریک قرار بدهند ر گمراهی بی‌پایان شده‌اند.

نساء ۱۳۱: آنچه در آسمانها و زمین است فقط مال خداست **هم به اهل کتاب که قبل از شما زندگی می‌کردند و هم به شما مسلمانان سفارش کرده و می‌کنیم که در مسائل همسرداری مراقب رفتارتان باشید.** اگر به این سفارش‌های سودمند گوش ندهید دودش به چشم خودتان می‌رود. آنچه در آسمانها و زمین است فقط مال خداست و او بی‌نیاز ستودنی است.

نساء ۱۳۵: مسلمانان، در راه اجرای عدالت با تمام توان ایستادگی کنید و هر جا لازم است، برای رضای خدا شهادت بدهید، هرچند به ضرر خودتان یا پدر و مادرتان یا خویشان تان باشد. ثروت یا فقر هر یک از دو طرف دعوا در گواهی تان تاثیری نگذارد چون برای حمایت از آنان خدا اولویت دارد. پس برای اینکه طبق عدالت رفتار کرده باشید دل بخواهی ملاحظه کسی را نکنید. اگر با زبان بازی شهادت ناحق بدهید یا از زیر بار شهادت دادن شانه خالی کنید خدا از این کارهای تان آگاه است.

نساء ۱۳: مسلمانان، باور واقعی داشته باشید خدا را و پیامبرش را و قرآنی که بر او فرستاده و کتابهای آسمانی را که قبلاً فرستاده است. هر که خدا، فرشتگان، کتاب هایش، پیامبرانش و روز قیامت را باور نداشته باشد دچار گمراهی بی‌پایان شده است.

نساء ۱۴۹: خوبی دیگران را چه آشکار کنید چه مخفی، اشکالی ندارد و اگر از بدیشان بگذرید، خدا هم گذشت کننده‌ای تواناست.

مائده ۲-۱: مسلمانان، به تمام قراردادهای خودتان پایبند باشید. گوشت دام‌های زبان بسته برای تان حلال است مگر آن دام‌هایی که نامشان در دو آیه بعد برایتان می‌آید. البته در حال اِحرام دامهای وحشی را شکار نکنید، خدا به هر کاری صلاح بداند فرمان می‌دهد.

مسلمانان، به اعمال و آداب حج بی‌احترامی نکنید. احترام اینها را نگه دارید ماه حرام و قربانی‌های بی‌نشان و نشان دار و حاجیان خانه خدا که دنبال لطف و رضایت خدا هستند وقتی از اِحرام خارج شدید اجازه دارید شکار کنید. کینه توزی اهل مکه، همانها که مانع ورودتان به مسجدالحرام می‌شدند وادارتان نکند که به حقوقشان تجاوز کنید.

در کارهای خوب و رعایت حقوق دیگران به همدیگر کمک کنید و در سهل انگاری و تجاوز به حقوق دیگران، به همدیگر کمک نکنید. در حضور خدا مراقب رفتارتان باشید که مجازات خدا شدید است.

مائده ۹-۷: نعمت بزرگ خدا یعنی اسلام را در حق خود فراموش نکنید و نیز تعهدی را که در قبول اسلام از شما گرفت، منظور وقتی بود که گفتید « گوش به فرمانیم » در حضور خدا مراقب رفتارتان باشید که خدا می‌داند هر آنچه را در دلها می‌گذرد.

مسلمانان، برای رضای خدا با تمام توان ایستادگی کنید و هر جا لازم باشد برای اجرای عدالت شهادت بدهید. کینه توزی یکی از دو طرف دعوا شما را در دام بی‌عدالتی نیاندازد. **طبق عدالت رفتار کنید که با تقوا مداری بیشتر جور در می‌آید. در حضور خدا شهادت ناحق ندهید و از شهادت به حق خودداری**

نکنید که خدا آگاه است که چه می‌گویید. خدا به مسلمانان که کارهای خوب کرده‌اند و عده آمرزش و پاداشی بزرگ داده است.

مائده ۳۶-۳۵: مسلمانان، در حضور خدا مراقب رفتارتان باشید و دنبال راه‌های نزدیک شدن به خدا باشید و در راه او مبارزه همه جانبه کنید تا خوشبخت بشوید. البته کسانی که بی‌دینی کنند حتی اگر به فرض محال، دو برابر تمام دارایی‌های زمینی را هم داشته باشند و برای رهایی خودشان از عذاب روز قیامت هزینه‌اش بکنند هرگز از آنها قبول نخواهد شد و عذابی زجرآور در انتظارشان است .

مائده ۵۷: مسلمانان، با کسانی از اهل کتاب که دینتان را مسخره میکنند و به آن متلک می‌پرانند و نیز با بی‌دینی‌ها طرح دوستی نریزید اگر واقعاً مسلمانید، در حضور خدا مراقب ارتباطاتتان باشید.

مائده ۸۹: برای قسم‌های تان به خدا از روی لقلقه زبان، خدا بازخواستان نمی‌کند، ولی برای قسم‌های جدّی تان بازخواستان خواهد کرد. اگر قسم تان را بشکنید، جریمه اش دادن یک وعده غذا به ده فقیر است. آن هم از غذاهایی که معمولاً به خانواده خود می‌دهید. یا دادن یک دست لباس به هر یک از آنها یا آزاد کردن یک برده. هر که توان انجام دادن هیچ یک از این سه کار را ندارد باید سه روز پشت سر هم روزه بگیرد. این است جریمه قسم‌هایی که می‌خورید و می‌شکنید. به هر حال مراقب قسم هایتان باشید خدا آیات و احکامش را اینطور برایتان بیان می‌کند تا شکر کنید.

مائده ۹۰: ای مسلمانان، شراب خواری و قمار بازی و بت پرستی و بخت آزمایی از کارهای پلید شیطانی است، پس به کلی از آنها دوری کنید تا خوشبخت شوید.

مائده ۹۲-۹۱: شیطان می‌خواهد با شراب و قمار بازی تخم دشمنی و کینه توزی بینتان بکارد و از یاد خدا و نماز بازتان بدارد پس با این همه مفاسد، نمیخواهید تمامش کنید.

از خدا و پیامبر اطاعت کنید و از مخالفت با آن بترسید اگر سر پیچی کنید بدانید وظیفه پیامبر ما فقط رساندن صحیح پیام الهی است.

اعراف ۳۲-۳۱: فرزندان آدم، آراستگی ظاهری و باطنی تان را در هر نماز رعایت کنید. در زندگی بخورید و بیاشامید ولی ریخت و پاش نکنید که خدا اسراف کاران را دوست ندارد.

بپرس: « استفاده از زیورها و خوراکی‌های پاک و پاکیزه را که خدا برای بندگانش آفریده چه کسی ممنوع کرده است؟ » و بگو: « این نعمت‌ها در زندگی این دنیا، برای مومنان است و دیگران هم استفاده می‌کنند اما روز قیامت تمام نعمت‌ها دربست برای مومنان است. » برای مردم خوش فهم آیه‌های خود را اینطور توضیح می‌دهیم.

اعراف ۳۳: بگو: « خدا اینها را یقیناً ممنوع کرده است: هر کار زشتی چه آشکار چه مخفی، هرگونه سهل انگاری و سرکشی به ناحق، اینکه چیزی را شریک خدا بدانید که خدا دلیلی بر دوست اش نفرستاده و اینکه حرف‌هایی به خدا نسبت دهید که از روی نادانی است. »

اعراف ۵۵: خدا را نالان و نهان صدا بزنید ولی زیاده روی نکنید زیرا او اهل زیاده‌روی را دوست ندارد .[۱]

---

۱. منظور از زیاده روی این است: خواسته‌های بی‌جا و غیر معقول، داد و فریاد زدن، رعایت نکردن آداب دعا، طول دادن دعا بیش از حال و حوصله، ریاکاری در دعا و اصلا دعا نکردن از روی غرور یا ناامیدی «)مترجم قرآن»

اعراف ۵۶: بعد از برقراری امنیت و آرامش، در جامعه هرج و مرج راه نیندازید و خدا را با بیم و امید صدا بزنید تا درستکار شوید، چون سایه لطف خدا بر سر درستکاران گسترده است.

اعراف ۹۶: اگر مردم شهرها ایمان بیاورند و مراقب رفتارشان باشند، درهای ناز و نعمت را از آسمان و زمین به رویشان می‌گشایم، ولی متاسفانه آیه‌ها و نشانه هایمان را دروغ می‌دانند ما هم به صدای کارهای زشتشان گرفتار عذاب‌شان می‌کنیم.

توبه ۱۱۲: مومنان اهل توبه‌اند و اهل عبادت، اهل حمد و ثنایند اهل رکوع و سجده‌اند و اهل امر به معروف و نهی از منکر و در یک کلام مراقب خط قرمزهای الهی‌اند به چنین مومنانی خوشبختی دنیا و آخرت را مژده بده

توبه ۱۱۹: ای مسلمانان در حضور خدا مراقب رفتارتان باشید و با کسانی باشید که ظاهر و باطنشان یکی است.

هود ۵۲: مردم، از خدا آمرزش بخواهید و به سویش برگردید تا باران‌های پی در پی برایتان بفرستد و توانایی‌های تان را بیش از پیش کند. پس با آلوده شدن به گناه از خیرخواهی‌هایم رو برنگردانید.

هود ۸۶-۸۵: ای قوم، پیمانه و ترازویتان را درست و دقیق کنید و از حق مردم چیزی کم نکنید و با سودجویی، نظم اقتصادی جامعه را به هم نریزید. اگر واقعاً ایمان دارید سود حلال و منصفانه‌ای که خدا باقی می‌گذارد، برایتان بهتر است. من مراقبتان نیستم تا به زور به کاری وادارتان کنم.

نحل ۹۱-۹۰: خدا از سر مهربانی و مصلحت، به برقراری عدالت در جامعه، به خیرخواهی برای مردم و به بخشش به قوم و خویش فرمان می‌دهد هم چنین از کارهای زشت و ناپسند نهی می‌کند تا به خود بیایید. همچنین پایبند

باشید به تعهد دینداری، تعهدی که به حکم عقل و بسته‌اید قسم هایتان را نشکنید مخصوصاً اگر خدا را بر عهدها و قسم هایتان ضامن گرفته‌اید چرا که خدا کارهای تان را می‌داند.

نحل ۹۲: .... در پناه قسم هایتان به همدیگر خیانت نکنید. آن هم به این دلیل که یکی از دیگری نیرومند تر است .البته خدا میخواهد به این وسیله امتحانتان بکند. خدا روز قیامت هر چیزی را که سرش اختلاف داشتید، حتماً برایتان روشن می‌کند.

نحل ۹۳: اگر خدا میخواست همه شما را در دین داری، به زور گروهی یک دست می‌کرد، ولی خدا هرکه را نالایق ببیند به حال خودش رها می‌کند و هر که را لایق ببیند، دستش را می‌گیرد. حتماً هم درباره کارهایی که می‌کنید بازخواست می‌شوید .

نحل ۹۶-۹۵: تعهد دینداری خود را به قیمت ناچیز مادی نفروشید زیرا اگر بفهمید، آنچه خدا روزی تان می‌کند برایتان بهتر است. روزی خدایی ماندنی است، ولی آنچه با دین فروشی به دست می‌آورید بی‌برکت و تمام شدنی است. ما دینداران ثابت قدم را بر اساس بهترین کارهایشان پاداش می‌دهیم.

نحل ۹۷: به آنان که کار خوب کنند چه مرد باشند چه زن به شرط با ایمان بودن، حتماً زندگی سالم و لذت بخشی می‌بخشیم. پاداش‌شان را هم بر اساس بهترین کارهایشان می‌دهیم.

نحل ۹۹-۹۸: وقتی می‌خواهی قرآن بخوانی، از شر شیطان رانده شده به خدا پناه ببر، زیرا او بر مومنانی که به خدا تکیه و توکل می‌کنند هیچ تسلطی ندارد. شیطان فقط بر کسانی سلطه دارد که زیر چتر دوستی او بروند و با دنبال روی از او، به جای خدا او را عبادت کنند.

نحل ۱۱۹: با این همه، کسانی که از سر ندانم کاری، خطایی کرده‌اند و بعد از آن، توبه کرده و سراغ جبران گذشته رفته‌اند، خدا با آنان آمرزنده و مهربان رفتار خواهد کرد .

نحل ۱۲۵:ای پیامبر، مردم را با دلیل قانع کننده و نصیحت دلسوزانه به راه خدا دعوت کن. همچنین با بهترین روش با آنها به بحث و مناظره بنشین. البته خدا بهتر میداند حال آنهایی را که از راهش به در شدند و یا در راه درست هستند.

نحل ۱۲۸ تا ۱۲۶: اگر کارتان با مشرکان به دعوا کشید و قصد انتقام گرفتن داشتید، به همان اندازه‌ای که آزارتان رسانده‌اند تنبیه‌شان کنید البته اگر می‌توانید باز هم صبوری کنید، این رفتار برازنده صابران است. بله‌ای پیامبر صبوری کن .البته بدون کمک خدا نمی‌توانید صبوری کنید از گمراهی بت پرست‌ها هم غم نخور و از نقشه‌هایی که می‌کشند دلگیر **نشو زیرا خدا در کنار کسانی است که صبر و حوصله می‌کنند و نیز در کنار نیکوکاران است.**

اسراء ۲۹ – ۲۸: اگر از روی تنگدستی مجبوری به نیازمندان جواب رد بدهی و در عین حال امیدواری که خدا دست و بالت را باز کند، فعلاً با آنها نرم و صمیمی برخورد کن در کمک به نیازمندان، بخیل نباش آنقدرها هم دست و دل بازی نکن که دیگران سرزنشت کنند و از کار و زندگی وابمانی .

اسراء ۳۱ - ۳۰: خدا روزی هر که را صلاح بداند زیاد و کم می‌کند چون او حال بندگانش را می‌داند و می‌بیند.

بچه هایتان را از ترس فقر و نداری نکشید، زیرا روزی آنها و شما را ما می‌دهیم، کشتن آنان بد گناهی است.

اسراء ۳۶ - ۳۵: وقتی میخواهید چیزی به مردم بفروشید درست بکشید و با ترازوی دقیق وزن کنید، این کار به سود شما و مایه امنیت اقتصادی جامعه است.

دنبال آنچه نمی‌دانی، راه نیفت، زیرا درباره گوش و چشم و دل که راههای دانستن هستند باید جوابگو باشید.

اسراء ۳۷: با سرمستی و قلدری روی زمین راه نرو، هرچقدر هم قوی باشی، زمین را نمی‌توانی با قدم هایت به شکافی، هرچقدر هم بزرگ باشی قدت به کوه‌ها نمی‌رسد.

اسراء ۵۳: پیامبر، به مسلمانان سفارش کن که خوش رفتار ترین باشند چون شیطان با سوء استفاده از رفتارهایی بیجا، بینشان دشمنی ایجاد می‌کند. بله شیطان دشمن عَلَنی شما است.

اسراء ۸۱ - ۷۸: نماز ظهر و عصر را در ظهر تا مغرب بخوان و نماز مغرب و عشا را تا نصف شب، نماز صبح را هم به وقتش در واقع نماز صبح با آرامش خاطر بیشتری خوانده می‌شود. قسمتی از شب را هم برای خواندن نماز شب بگذران، این البته وظیفه‌ای اضافی برای توست به این امید که خدا تو را به جایگاهی تحسین برانگیز برساند. در ضمن اینطور دعا کن: « خدایا کاری کن که هر کاری را با صداقت شروع کنم و با صداقت تمامش کنم. خودت به من توانی بده که پشتیبانم باشد. » همچنین بگو: « حق آمده است و باطل نابود شده است اصلاً باطل نابود شدنی است. »

اسراء ۸۲: ما قرآن را می‌فرستیم که برای مومنان مایه شفا و رحمت است اما برای بد کاری‌های بی‌دین جز خسارت و بدبختی بیشتر نتیجه‌ای ندارد.

مومنون ۵۲: ای مردم، همه از یک نوع هستید و باید یک هدف را دنبال کنید و منم صاحب اختیارتان، در حضور من مراقب رفتارتان باشید.

مومنون ۲۴ – ۲۳: کسانی که به بانوان مومن و پاکدامن ناموسی می‌زنند، در دنیا و آخرت لعنت شده‌اند و بی‌تردید عذابی سخت چشم به راه‌شان است. همان روزی که در دست و پا و زبانشان درباره گفتار و رفتار زشتی که که در دنیا مرتکب شده‌اند، علیه‌شان شهادت می‌دهند.

مومنون ۲۷: ای مسلمانان، سرزده وارد منزل دیگران نشوید مگر اینکه از اهل خانه اجازه بگیرید و به آنان سلام کنید. این کار به نفع شماست تا با وظایف اجتماعی تان آشنا شوید.

نور ۳۰: پیامبر، به مردان با ایمان دستور بده چشم چرانی نکنند و اندام جنسی‌شان را از نگاه دیگران بپوشانند. این کار به پاک بودنشان بیشتر کمک می‌کند زیرا خدا از ریزه‌کاری‌های رفتارشان آگاه است.

نور ۳۱: به بانوان با ایمان هم دستور بده چشم چرانی نکنند و اندام جنسی‌شان را از نگاه دیگران بپوشانند جز آنچه به خودی خود پیداست.

زیور و آرایش خود را به نمایش نگذارند و با روسری‌ها و مقنعه‌شان گردن خود را هم بپوشانند .....

فرقان ۶۸ – ۶۷: (مومنان) در خرج کردن نه ولخرجی می‌کنند و نه خسیس بازی در می‌آورند، بلکه راه میانه این دو را در پیش می‌گیرند. دیگر اینکه هم ردیف خدا معبود دیگری را صدا نمی‌زنند. همچنین آدم بی‌گناهی را به خدا جانش را محترم می‌داند نمی‌کشند مگر اینکه شرعاً حقش باشد. زنا هم می‌کنند. آنهایی که چنین کارهای زشتی مرتکب شوند دچار سهل انگاری فاحشی شده‌اند .

فرقان ۷۱: آنانی که از گناهان توبه بکنند و کار خوب کنند، درست و حسابی به سوی خدا برمیگردند.

فرقان ۷۳ – ۷۲: همچنین این بندگان (مومنان) در مجالس لهو و لعب شرکت نمی‌کنند وقتی هم با رفتار بیهوده‌ای رو به رو می‌شوند با بزرگواری از کنارش می‌گذرند. وقتی آنان را با آیه‌های خدا به خود بیاورند، به آن فکر می‌کنند چشم و گوش بسته قبولش نمی‌کنند.

نمل ۳ – ۲: آیه‌های قرآن و کتابی رسا و شیوا پیش روی شماست که مایه هدایت و بشارت است برای مومنان .همان کسانی که نماز را با آدابش میخوانند و صدقه می‌دهند و آخرت را قبول دارند.

نمل ۶۹ و ۷۳: بگو: « به گوشه و کنار دنیا سفر کنید و ببینید آخر عاقبت گناهکاران چه شد !» البته خدا به مردم لطف دارد ولی بیشترشان شکر نمی‌کنند.

عنکبوت ۹ – ۸: به انسان سفارش کردیم تا می‌تواند به واسطه به پدر مادرش خوبی کن. اگر سعی کردند چیزی را که نمیدانی به جای من بپرستی اطاعت‌شان نکن به سوی من است برگشت‌شان. پس شما را از کارهایی که دائم مشغولش بودید با خبر می‌کنم . کسانی را که ایمان آورده‌اند و کارهای خوب کرده‌اند حتماً در حلقه شایستگان وارد می‌کنیم.

روم ۳۹ – ۳۷: مگر نمی‌بینید که خدا روزی هر که را صلاح بداند زیاد و کم میکند در این تقسیم حکیمانه روزی نشانه‌هایی از یکتایی **خداست. از این روزی خدا حق قوم و خویش و فقیر و در راه مانده را ادا کن.** این کار برای کسانی که دنبال رضای خدا هستند بهتر است. آنان همان مردم خوشبخت‌اند. آنچه به طمعِ عوض بیشتر یا برای راه افتادن کارتان به مردم می‌دهید از نظر

خدا ارزشی ندارد. ولی صدقه‌هایی را که برای رضای خدا می‌دهید ارزشمند است. چنین کسانی از درون رشد می‌کنند.

روم ۴۳: با همه وجودت به دین استوار اسلام رو بیاور، قبل از آنکه روزی از طرف خدا فرا برسد که برگشت ندارد.

نمل ۴۰: ...... هر که شکر بکند به سود خودش شکر می‌کند و هر که هم ناشکری کند دودش به چشم خودش می‌رود آخر خدا بی‌نیاز بزرگوار است.

لقمان ۲۲: هرکه خود را با همه وجود تسلیم خدا کند و درستکار باشد و محکم ترین دستگیره چنگ زده. آخر عاقبت همه کارها هم فقط دست خداست.

احزاب ۲۰: قطعاً راه و روش رسول خدا برای شما سرمشق خوبی است یعنی برای آنانی که به خدا و آخرت امید دارند و خیلی به یاد خدا هستند. خدا در قرآن خطاب به پیامبر اکرم صلی الله علیه و آله می‌فرماید: « اخلاق خوب تو بود که مردم را به سوی تو جذب کرد ... » خوش اخلاقی در نزد خدای کریم ارزش والایی دارد چنانچه پیامبر اکرم صلی الله علیه وآله فرمود: « من به خاطر تتمین اخلاق انسانی مبعوث شدم. » پس اخلاق نیک پیام رسول خداست. ولی اخلاق نیک شامل موارد زیر است:

۱- **خوشرویی**: یعنی اگر کسی ترش رو و تلخ رو بود شما با او خوشرویی کنید

۲- فکر شما **خوش ظّن و خوش گمان باشد.** به همه سعی کنید خوش گمان باشید.

۳- **خوش زبانی**: زبان خوشی داشته باشید با زبان غیبت نکنید، دروغ نگویید، تهمت نزنید، ناسزا نگویید و آبروی کسی را نبرید.

۴- **خوش قلبی:** نسبت به همه آدمها مهربان و دلسوز باشید چه مسلمان چه غیر مسلمان.

احزاب ۳۵: مردان و زنانی که طبق اسلام عمل می‌کنند، مردان و زنانی که از تَهِ دل دین را باور دارند، مردان و زنانی که با فروتنی گوش به فرمان‌اند، مردان و زنانی که با صداقت هستند. **مردان و زنانی که در برابر مشکلات و سختیِ عبادت و جاذبه گناه صبورند، مردان و زنانی که متواضع‌اند،** مردان و زنانی که صدقه و خمس و زکات می‌دهند، مردان و زنانی که روزه می‌گیرند، مردان و زنانی که در رفتار جنسی خود پاکدامن اند، مردان و زنانی که خیلی به یاد خدایند، **خدا برای همه‌ی اینان آمرزش و پاداشی بزرگ آماده کرده است**

احزاب ۴۳ - ۴۱: مسلمانان، خیلی به یاد خدا باشید و صبح و شب به پاکی یادش کنید. اوست که رحمت ویژه خودش را شامل حالتان می‌کند فرشتگانش برایتان آموزش می‌طلبند تا خدا از تاریکی‌های اعتقادی و اخلاقی به طرف نورِ معرفت و پاکی بیرون تان بکشد زیرا او با مومنان مهربان است.

احزاب ۴۷ – ۴۵: پیامبر، ما تو را فرستادیم تا شاهد کارهای مردم باشی و مژده دهنده و هشدار دهنده. همچنین زیر نظر خدا دعوت کننده به طرفش باشی و همین که چراغی باشی درخشنده، مومنان را مژده بده که لطف بزرگی از طرف خدا نصیب‌شان می‌شود.

احزاب ۳۳: خدا میخواهد هرگونه ناپاکی را فقط از شما اهل بیت برطرف سازد و شما را کاملا پاک و پاکیزه کند) .[۱]

---

۱. طبق روایت‌های معتبری که از شیعه و سنی نقل شده این قسمت آیه درباره حضرت محمد صلی الله علیه و آله و حضرت علی علیه السلام و حضرت زهرا سلام الله علیها و حضرت امام حسن و امام حسین علیه السلام است و با این جمله عصمت محمد رسول الله صلی الله علیه و آله پاکش ثابت می‌شود) مترجم قرآن

احزاب ۵۶: خدا و فرشتگانش بر پیامبر سلام و صلوات می‌فرستند مسلمانان شما هم بر پیامبر صلوات بفرستید و تسلیم محض او باشید.

احزاب ۵۸: کسانی که مردان و زنان مسلمان را اذیت می‌کنند بی‌آن که کاری کرده باشند یقیناً زیر بار تهمت و گناه فاحشی رفته‌اند.

احزاب ۵۹: پیامبر، به همسران و دختران ات و زنان مسلمان سفارش کن که با چادرها و مانتو هایشان خود را کامل بپوشاند این برای آنکه آنان را به پاکدامنی بشناسند و اذیتشان نکنند بهتر است. برای خطاهای گذشته هم خدا آمرزنده مهربان است.

احزاب ۷۱ - ۷۰: مسلمانان، در حضور خدا مراقب رفتارتان باشید و سنجیده سخن بگویید که خدا کارهایتان را سر و سامان می‌دهد و گناهانتان را می‌آمرزد. از خدا و رسولش اطاعت کند حسابی کامیاب شده است.

فاطر ۳: مردم، به یاد نعمت‌های خدا در حق خودتان باشید. آیا آفریننده‌ای جز خدا هست که از آسمان و زمین به شما روزی بدهد ؟ معبودی جز او نیست چرا از مسیر حق به انحراف کشیده می‌شوید ؟

یس ۴۷: وقتی از آنها می‌خواهند « از چیزهایی که خدا روزی تان کرده در راه خدا خرج کنید. » بی‌دین‌ها به مومنان می‌گویند: « بدهیم به کسی بخورد که اگر خدا میخواست، خودش سیرش می‌کرد؟ معلوم است که خیلی از واقعیت دور هستید[۱]. »

---

۱. در جواب این ثروتمندان خودخواه باید گفت: « اگر خدا میخواست همه مردم را ثروتمند و سالم می‌آفرید ولی خدا با فقیر کردن یکی و ثروتمند کردن دیگری می‌خواهد هر دو را امتحان کند اولی را به صبر و قناعت و دومی را به بخشش و گشاده دستی. انسان‌ها با مشکلات و نعمت‌ها آزمایش می‌شوند بیمار با بیماری اش، سالم با سلامتی اش ، مسئول با مسئولیتش، دانشمند با دانشش و.... » مترجم قرآن

زُمر ۱۰: بگو: «ای بندگان با ایمانم در حضور خدا مراقب رفتارتان باشید نصیب کسانی که در این دنیا خوبی کنند، پاداشی وصف ناشدنی است .

زمین خدا پهناور است پس برای حفظ دین تان مهاجرت کنید پاداش اهل صبر بی‌شمار داده میشود.

زُمر ۱۸ - ۱۷: مژده بده به بندگانم که حرف‌ها و تبلیغات گوناگون را با دقت می‌شنوند و با تجزیه و تحلیل، دنبال بهترینش می‌روند، آنان کسانی‌اند که خدا دستشان را در زندگی گرفته است و آنان همان خردمندان‌اند .

فصّلت ۳۵ - ۳۳: کیست خوش گرفتار تر از کسی که به طرف خدا دعوت بکند و کار خوب کند و بگوید: « من تسلیم خدایم » خوبی با بدی یکی **نیست جواب بدی را به خوبی بده آن هم با بهترین روش.** اگر اینطور کنی آن کس که بین تو و او دشمنی بوده است، یک دفعه مثل دوستی صمیمی می‌شود این خصلت را فقط به کسانی می‌دهند که صبور باشند یا به عبارتی این را فقط به کسانی می‌دهند که از ظرفیت والای روحی برخوردار باشند.

فصّلت ۴۶: هر که خوبی کند به خودش سود می‌رساند و هر که بدی کند به خودش ضرر می‌زنند وگرنه خدا به بندگانش کمترین ظلمی نمیکند.

شوری ۲۳: .... بگو: « برای راهنمایی تان مزدی از شما نمیخواهم مگر دوستی اهل بیت‌ام که آن هم به نفع خودتان است. هر که قدم خیری در این راه بردارد ثوابش را برایش بیشتر می‌کنیم. بله خدا آمرزنده و قدرشناس است.

شوری ۳۱ - ۳۰: هر مشکلی برایتان پیش بیاید نتیجه کارهای بد خودتان است البته خدا از سر خیلی از تقصیرانتان می‌گذرد. شما هرگز نمی‌توانید حریف خدا در زمین بشوید و در برابرش هم یار و یاوری ندارید.

محمّد ۳۸: ..... شما همان‌هایی هستید که برای هزینه کردن در راه خدا دعوت می‌شوید ولی بعضی‌های تان بُخل می‌ورزید، کسی که بخل بورزند در حق خودش بخل ورزیده است وگرنه خدا بی‌نیاز از شماست و شمایید که در همه حال نیازمند او هستید.

حجرات ۶: مسلمانان، اگر آدم منحرفی خبر مهمی برایتان بیاورد قبل از هرکاری درباره درستی تحقیق کنید، مبادا از سر ندانم کاری به عهده‌ای آسیب برسانید و در نتیجه از کرده خودتان پشیمان شوید.

حجرات ۹: اگر دو گروه از مسلمانان به جان هم بیفتند آشتی‌شان بدهید اما اگر یکی از آن دو گروه علیه آن یکی به تجاوز کاری اش ادامه بدهد، با گروه متجاوز بجنگید تا تسلیم فرمان خدا بشود. اگر تسلیم فرمان او شد این بار با جبران خسارت آشتی‌شان دهید. **بله عدالت را رعایت کنید به خدا مردم عادل را دوست دارد.**

حجرات ۱۱: مسلمانان، مردها، مردها را مسخره نکنند شاید آنها بهتر باشند و زن‌ها را هم زن‌ها را مسخره نکنند شاید آنها بهتر باشند. **عیب همدیگر را به رخ نکشید و اسم بد روی هم نگذارید.** اسم بد روی کسی گذاشتی در عین مسلمان بودنش بد رسمی است. آنهایی که از چنین کارهای زشتی دست برندارند واقعاً بدکارند.

حجرات ۱۲: مسلمانان، از بد گمانی درباره مردم که مرض شایع است دوری کنید چون این بدگمانی‌ها سهل انگاری فاحشی است. در زندگی تجسّس نکنید. از همدیگر غیبت نکنید.... در حضور خدا از این عادت‌های زشت دست بردارید که خدا توبه پذیر مهربان است.

حجرات ۱۳: مردم، ما شما را از یک مرد و زن آفریدیم، اما به ملّت‌ها و نژادهای مختلفی تقسیمتان کردیم تا همدیگر را بشناسید. اینها ملاک برتری نیست بلکه **با ارزش ترین شما از نظر خدا باتقواترین شماست زیرا خدا دانای آگاه است.**

حجرات ۱۵: مومنان واقعی کسانی هستند که به خدا و رسولش ایمان دارند و در حقانیّت باورهایشان شک نمی‌کنند و با مال و جانشان در راه خدا مبارزه می‌کنند. بله آنان واقعاً با صداقت هستند .

حجرات ۱۸ - ۱۷: از این که اسلام آورده‌اند سرتو منّت می‌گذارند بگو: « برای اسلام آوردن تان سر من منّت نگذارید، بلکه خداست که با راهنمایی کردن تان به طرف ایمان سرتان منّت می‌گذارد، تازه اگر در همین ادعایتان هم راستگو باشید. » خدا اسرار آسمانها و زمین را می‌داند و خدا می‌بیند که چه می‌کنید.

ذاریات ۲۱ - ۱۵: خود مراقبان در باغهایی پر درخت و در کنار چشمه ساران مستقرند. عطایا و هدایای خدا را با کمال میل می‌گیرند، چون که آنها قبل از این در دنیا نیکوکار بوده‌اند، کمترش بی‌خواب می‌ماندند و نماز شب نمی‌خواندند. همچنین، سحرگاهان مشغول استغفار می‌شوند، در اموالشان هم سهمی برای محروم و گدا کنار می‌گذاشتند. **در زمین برای اهل یقین، نشانه‌هایی از یکتایی خداست در وجود خودتان هم، پس چرا چشم بینا ندارید ؟**

حدید ۱۸: مردان و زنانی که صدقه می‌دهند و در کل، آنانی که کارهای خوب پیش خدا پس انداز می‌کنند، آنچه می‌دهند برایشان چند برابر میشود و پاداشی ارزشمند دارند.

حدید ۲۸: مسلمانان، در حضور خدا مراقب رفتارتان باشید و به پیامبرش ایمان واقعی بیاورید تا از رحمتش دو چندان به شما عطا بکند و نوری درخشان جلوی پایتان بتاباند که به برکتش، در مسیر درست راه بروید و تا اینکه بیامرزدتان که او آمرزنده مهربان است.

حشر ۱۸: مسلمانان در حضور خدا مراقب رفتارتان باشید. هرکس باید ببیند که برای فردایش چه چیزی آماده کرده است. **در حضور خدا مراقب اخلاص در کارهای تان باشید** زیرا خدا آگاه است که چه می‌کنید.

ممتعنه ۹ – ۸: خدا نهی تان نمیکند از برقراری روابط حسنه و عادلانه بابی دین‌هایی که به خاطر دیندار بودنتان با شما نجنگیده‌اند و از منطقه زندگی تان اخراج تان نکرده‌اند چون خدا مردم عادل را دوست دارد. **بلکه خدا شما را فقط از دوستی با بی‌دین‌هایی نهی می‌کند که به خاطر دین داری تان با شما جنگیده‌اند** و از منطقه زندگی تان اخراجتان کرده‌اند و در این راه پشتیبان هم بوده‌اند. بله کسانی که با آنها دوستی کنند، بد کارند.

ممتعنه ۱۲: پیامبر، وقتی بانوان مسلمان پیش تو می‌آیند تا با تو بیعت کنند، به این شرط با آنها بیعت کن: بت نپرستند، دست به دزدی نزنند، زنا نکنند، بچه هایشان را نکشند، بچه‌های نامشروعی را که پس می‌اندازند با دروغ و دغل به شوهرانشان نسبت ندهند و در کارهای خوب از تو سرپیچی نکنند. همچنین برایشان از خداوند آمرزش بخواه که خدا آمرزنده مهربان است.

صف ۳ - ۲: مسلمانان، چرا حرف‌هایی میزنید که به آن عمل نمی‌کنید. از نظر خدا بسیار زشت است که حرف‌هایی بزنید و به آن عمل نکنید.

صف ۱۱ – ۱۰: مسلمانان، به تجارتی راهنمایی تان بکنم که از عذابی زجرآور نجاتتان دهد ؟ به خدا و پیامبرش ایمان بیاورید، با مال و جانتان در راه خدا بجنگید، این برایتان بهتر است، اگر به برکت‌های جهاد در راه خدا پی ببرید.

جمعه ۹: ای مسلمانان، در روز جمعه وقتی برای نماز اذان می‌گویند به طرف ذکر خدا بشتابید و کسب و کار را رها کنید این برایتان بهتر است، البته اگر به برکت هایش پی ببرید .

تغابن ۱۸ – ۱۵: اموال و اولاد تان مایه آزمایش شمایند. اگر در این آزمایش سربلند بیرون بیایید پیش خدا پاداش بزرگ برایتان هست، پس تا میتوانید در حضور خدا مراقب رفتارتان باشید و گوش به حرف بدهید و فرمان ببرید و در راه خدا هزینه کنید که به نفع خودتان است. **آنانی که از خودخواهی و تنگ نظری در امان‌اند خوشبخت هستند.** اگر کارهای خوب پیش خدا پس انداز کنید، خدا هم برایتان چند برابرش می‌کند و می‌آمرزدتان زیرا خدا قدرشناس بردبار اس. همچنین دانای پنهان و پیداست و شکست ناپذیر و کار درست است.

طلاق ۳ – ۲: ...... هر که در حضور خدا مراقب رفتارش باشد خدا راه خلاصی از مشکلات را پیش پایش می‌گذارد و از جایی که فکرش را نمی‌کند به او روزی می‌دهد. هرکه به خدا توکل کند او برایش بس است خدا خواست خود را به کرسی نمی‌نشاند، البته خدا برای هرچیزی اندازه‌ای گذاشته است.

مزمّل ۲۰: .... پس هر چقدر شد در شب و زنده داری‌ها قرآن بخوانید **و نمازهای واجب را با آدابش به جا آورید و صدقه بدهید و پیش خدا کارهای خوب پس انداز کنید.** هر کار خوبی که برای خودتان جلو جلو بفرستید پیش خدا می‌بینید که بهتر شده است و پاداش بزرگتر. از خدا آمرزش بخواهید که خدا آمرزنده مهربان است.

انسان ۱۰ - ۷: خوبان به نذرشان وفا می‌کنند و از روزی می‌ترسند که شرّش همه گیر است، غذای خود را با آنکه نیاز شدید به آن دارند به فقیر و یتیم و اسیر می‌دهند[۱].

و می‌گویند: « فقط برای رضای خدا به شما غذا می‌دهیم و انتظار مزد و تشکری از شما نداریم زیرا ما می‌ترسیم از روزی غم بار و دشوار که از ناحیه خداست. »

مطفتین۴-۱: وای به حال کم فروشان. آنها که وقتی از مردم چیزی می‌خرند کامل می‌کشند اما وقتی می‌خواهند چیزی به آن بفروشند کم می‌گذارند. مگر فکر نمی‌کنند که بعد از مرگ دوباره زنده میشوند.

لیل ۱۱ - ۵: هر که دست بخشش داشته باشد که خودش را به خدا نیازمند بداند و وعده‌های خوب خدا را باور کند توفیقش می‌دهیم تا آسان زندگی کند. اما هر کس که خسیس باشد و خودش را بی‌نیاز از خدا بداند و وعده‌های خوب خدا را دروغ بداند رهایش می‌کنیم تا سخت زندگی کند. وقتی هم به دره هلاکت سقوط کند، اموالش به دردش نمی‌خورد.

لیل ۲۱ - ۱۷: البته مردم خود مراقب را از آن آتش دور می‌سازند **همانان که مال‌شان را در راه خدا می‌دهند تا پاک شوند** نه اینکه بخواهند محبت کسی را جبران کنند بلکه منظوری جز به دست آوردن رضای خدای بزرگ ندارند. از پاداش الهی هم حتماً راضی خواهند شد.

همزّه ۳ - ۱: وای بر هر که کارش عیب جویی و زخم زبان است همانکه اموالی جمع کرده و سرگرم به حساب و کتاب آن است. خیال می‌کند اموالش برای او مایه عمر جاودان است. آه که این خیالی خام است.

---

۱. (این آیه در مورد حضرت علی علیه السلام و خانواده ایشان نازل گردیده)

ماعون ۷ - ۱: می‌شناسی کسی را که قیامت را انکار می‌کند او همان است که یتیمان را به شدت از خودش طرد می‌کند و مردم را به دادنِ سهم غذای فقیران تشویق نمی‌کند و به ظاهر نماز می‌کند **وای بر این نمازگزاران. همان‌هایی که نماز را دست کم میگیرند و در به جا آوردن عبادت‌ها ریاکارند و حتی در برآوردن حاجت‌های ریز مردم خود دارند.**

فلق ۵ - ۱: **حرفت در زندگی این باشد.** « پناه میبرم به صاحب بامداد از **شر هرچه او به آن جان داد، از شر شب وقتی همه جا را می‌پوشاند، از شر هر جادوگری که در گره‌ها بدَمد و از شر حسود حتی حسادتش گل کند.** »

ناس ۶ - ۱: حرف ات در زندگی این باشد : « پناه میبرم به صاحب اختیار مردمان. فرمانروای مردم، معبود مردم، از شر وسوسه گر پنهان همان که وسوسه می‌کند درد دل مردم از جنیان باشد یا آدمیان. »

مائده ۱۰۰: پیامبر بگو: پلید و پاک هرگز یکسان نیستند، هرچند مبهوتِ تعداد فراوان و شوکت پلیدها بشوید. **پس ای خردمندان مبادا تحت تاثیراکثریت قرار بگیرید، بلکه دنباله‌رو آیین پاک خدا باشید تا خوشبخت شوید.**

با توجه به سفارش‌های خداوند در بخش اول کتاب دریافتیم که خداوند قرآن را کتابی جامع برای هرچه احتیاج بندگان است گردانیده و آن را به وحی خاص بر پیامبر اکرم محمد مصطفی که درود و رحمت خدا بر او و خاندانش باد، نازل نمود و پیروی از قرآن را نور تابان برای هدایت مردم از ظلمت‌ها و گمراهی‌ها و جهالت‌ها مقرّر فرمود .

نور هدایتی در آن قرار داد که چراغ حجت و برهانش بر اهل یقین تا قیامت خاموش نشود و پرچم نجاتی که هرکس به حلقه حفاظ اش در آویزد هرگز گمراه نشود.

پس پروردگارا مرا از آنانی قرار ده که رعایت به عمل آن و حفظ عهد و پیمانش و با اعتقاد کامل تسلیم محکمات و متشابهات آیاتش شوند و **از خدا می‌خواهیم که حرص دنیا را که من چه اخلاق رذیله ی بسیار و موجب افعال زشت بی‌شمار است از ما دور گرداند زیرا که حرص دنیا موجب غفلت از خدا و آخرت است و من منشاء بُخل و حسد با بندگان خداست. حرص دنیا منشاء غیبت و تهمت و منشاء نزاع و جدلو ظالم و جار و بیداد است.**

و دیگر غضب است منشاء هرگونه عداوت و خصومت و آزار است پس از این امور به خدا بایستی پناه برد و از لطف و رحمت خدا با توسل به پیامبر اکرم صلی الله علیه و آله و آل پاکش یاری خواست تا بر دفع این امر از حقّ توفیق یافته و به انجام اعمال نیک که موجب سعادت دنیا و آخرت است توفیق یابیم.

بخش دوم

سفارشات و هشدارهای خدای عزّ و جّل در مورد دشمنان انسان و عاقبت ستمکاران

فصل ۱: شیطان دشمن انسان
فصل ۲: نفس اماره دشمن انسان
فصل ۳: دنیا طلبی دشمن انسان است

فصل ۱

شیطان دشمن انسان

> «از گام‌های شیطان پیروی نکنید که او دشمن آشکار شماست شما را فقط به سوی زشتی‌ها فرمان می‌دهد.»
> (بقره ۱۶۸)

به فرموده قرآن، ابلیس از نژاد جن بود که در جمع فرشتگان عبادت می‌کرد.[۱]

عبادت واقعی عملی است که خداوند بخواهد (عبادت خالصانه) نه آنکه طبق میل باشد. ابیس حاضر بود قرنها سجده کند ولی به آدم طبق دستور خداوند سجده نکرد. مرتکب دو انحراف و خلاف شد:

---

۱. کهف ۵۰

الف: خلاف عقیدتی که سبب فسق او شد[1]

ب: خلاف اخلاقی (کبر) که سبب دوزخی شدن او گردید[2]

در مورد انسان می‌شود به چند مورد اشاره نمود:

۱- خطر شیطان برای بزرگان هم هست، او به سراغ آدم و حوا آمد.

۲- انسان به خودی خود جایزالخطا و وسوسه پذیر است.

۳- شیطان دشمن دیرینه نسل بشر است زیرا او از روز اول به سراغ پدر و مادر ما رفت.

۴- هر انسان به خاطر استعدادها و لیاقت‌هایی که کسب می‌کند بهشتی می‌شود ولی خلاف‌ها او را سقوط می‌دهد .

۵- از نافرمانی خدا و عواقب تلخ وسوسه‌های ابلیس عبرت بگیریم تحت نفوذ شیطان قرار گرفتن برابر با خروج از مقامات الهی و محرومیت از آنهاست.

خداوند انسان را همواره از وسوسه‌های شیطان بر حذر داشته است تاثیر فرمان شیطان نشانه ضعف ماست. هرگاه انسان ضعیف شد وسوسه‌های شیطان را همچون فرمان می‌پذیرد. شیطان هم دستور به گناه می‌دهد و هم راه توجیح آن را نشان می‌دهد.

امام سجاد علیه‌السلام برای ایمنی از شر این دشمن چنین دعا میکنند: « خدایا مرا و ذرّیه و فرزندانم همه را از شر شیطان مردود، در پناه خودگیر، همان که بر ما مسلط است و با ما مکر و حیله می‌کند و در خون و عروق و جوارح ما جاری است و اگر ما از او غفلت کنیم هیچ آن دشمن از ما غافل نخواهد شد و

---

۱. کهف ۵۰

۲. زمز ۷۲

اگر ما او را فراموش کنیم او یک لحظه از ما فراموش نخواهد کرد. آن دشمن به دروغ و فریب ما را از عقاب نافرمانی تو ایمن می‌کند و از غیر تو می‌ترساند. اگر ما به کار زشتی توجه کنیم سخت ما را تشجیع و تشویق می‌کند و بی‌باک می‌سازد و اگر به کار صالح و شایسته‌ای همت گماریم ما را به کُندی و تعویق وا می‌دارد و آن دشمن، شهوت‌های نفس را در نظر ما جلوه گر می‌سازد و امور باطل شبیه به حق را بر ما نصیب می‌کند تا ما را به راه باطل و حرام بکشاند.

ای خدا اگر این دشمن بزرگ را تو مکر و فریبش را از ما دفع نکنی سخت ما را گمراه گرداند و اگر از دام‌های او ما را محفوظ نگردانی ما را سخت بلغزاند و به هلاکت افکند. خدایا چنان نور معرفت و عظمت ات را بر قلب ما مثل ساز که سلطه شیطان انس و جن و مکر و حیله و فریب و وسوسه اش به کلی نابود شود و در ما تاثیر نگذارد.

پس ما را از آنانی قرار ده که از هر گناه و لغزشی و خطا کاری به واسطه خدا ترسی محفوظ گرداند آنان که به هر کار خیری و صواب و طریق و هدایت به واسطه اطاعت ات موفق شدند و هر گناه را ترک کردند و در جوار عنایت ات آرمیدند.[۱]

خداوند بارها به انسان هشدار می‌دهد که: « از گامهای شیطان پیروی نکنید که او دشمن آشکار شماست و شما را فقط به بدی‌ها و زشتی‌ها فرمان می‌دهد....[۲]»

و البته شیطان قدرتی بر تسلط بر انسان ندارد او فقط دعوت کننده است و این انسان است که اختیار دارد دعوت او را بپذیرد یا خیر. قرآن می‌فرماید:

۱. صحیفه سجادیه ترجمه الهی قمشه‌ای دعای ۲۵

۲. بقره ۱۶۸ و ۱۶۹

« از شر شیطان به خدا پناه ببرید » اعوذ بالله مِنَ الشّیطان رجیم و در سوره بقره آیه ۲۰۸ می‌فرماید: «ای کسانی که ایمان آورده‌اید همگی به اطاعت خدا در آیید و گام‌های شیطان را دنبال نکنید که او برای شما دشمن آشکار است.»

و در سوره اعراف آیه ۲۰۰ می‌فرماید: **«اگر از شیطان وسوسه‌ای به تو رسد به خدا پناه ببر، زیرا او شنوای داناست.»**

وقتی شیطان به فرمان خدا رانده شد گفت: « خدایا تا روزی که مردم دوباره زنده میشوند مهلتم بده. » خداوند فرمود: «به تو مهلت می‌دهم نه تا روز قیامت، بلکه تا روزی که زمانش را من می‌دانم و بس [۱]»

گفت: « خدایا حال که از راه به درم کردی، من هم در دنیا، کارهای زشت مردم را در نظرشان رنگ و لعاب می‌دهم و همگی‌شان را از راه به در می‌کنم مگر بندگان ناب و خالص تو را [۲]»

خدا فرمود: « تو در حالت عادی بر هیچ یک از بندگانم تسلط نداری، مگر آنهایی که خودخواسته و با دنباله روی از تو، از راه به در می‌شوند [۳]. »

و آیات قرآن مجید راجع به شیطان:

بقره ۱۶۸ و ۱۶۹: مردم، از چیزهایی در زمین استفاده کنید که حلال و پاکیزه است و پا جای پای شیطان نگذارید که او دشمن علنی شماست. او شما را فقط به بدی‌ها و زشتی‌ها فرمان می‌دهد و به این که ندانسته حرفهایی به خدا نسبت به دهید.

---

۱. سوره حجر آیه ۳۶ و ۳۷
۲. سوره حجر ۳۹ و ۴۰
۳. سوره حجر ۴۲

بقره ۲۰۸: مسلمانان، همگی تسلیم محض خدا باشید و پا جای پای شیطان نگذارید که او دشمن علنی شماست .

نساء ۱۲۰ - ۱۱۹: آنهایی که زیر چتر دوستی شیطان بروند نه خدا، به ورشکستگی جبران‌ناپذیری افتاده‌اند. زیرا شیطان وعده پوچ به آنها می‌دهد و دردام آرزو گرفتارشان می‌کند، حال آنکه وعده هایش همه گول زننده است .

اعراف ۲۷:ای آدم‌ها، مبادا شیطان گول تان بزند، همانطور که پدر و مادرتان را گول زد و از آن باغ بیرون‌شان کرد . آن هم با وضعیتی که لباسشان را از تنشان در آورد تا اندام جنسی‌شان را نشانشان دهد. نکته اینجاست که شیطان و دار و دسته‌اش از جایی شما را میبینند که شما آنها را نمی‌بینید. البته شیطان را فقط سرپرست کسانی می‌کنیم که ایمان نمی‌آورند.

اعراف ۲۰۲ - ۲۰۱: کسانی که مراقب رفتارشان هستند، وقتی گرفتار کوچکترین وسوسه شیطانی هم بشوند سریع به خودشان می‌آیند به حواسشان را جمع می‌کنند. ولی شیطان‌ها بت پرست‌ها را تا می‌توانند به گمراهی می‌کشند و ذره‌ای هم کوتاه نمی‌آیند.

ابراهیم ۲۲: وقتی حساب و کتاب قیامت تمام شود، شیطان به هر دو گروه می‌گوید: « خدا به شما وعده‌های راست داد. من هم به شما وعده‌ها دادم، اما زیرش زدم، مجبورتان که نکرده بودم، فقط دعوتتان کردم به کارهای زشت، شما هم دعوتم را قبول کردید. پس خودتان را ملامت کنید نه مرا. این جا نه من فریادرس شمایم و نه شما فریادرس من .به من چه که در دنیا از من حرف شنوی داشتید نه از خدا، امروز عذابی زجرآور در انتظار بد کارهایی مثل شماست.»

حج ۴ - ۳: همیشه عده‌ای عوام هستند که درباره قدرت خدا در زنده کردن مرده‌ها چون و چرا می‌کنند، آنهم کورکورانه و در بست دنبال هر شیطان سرکشی راه می‌افتند. بناست که هرکس زیر چتر شیطان برود او از راه به درش کند و به طرف آتش سوزان ببرد.

نور ۲۱:ای مسلمانان، پا جای پای شیطان نگذارید. هرکس دنبالش راه بیفتد بدبخت و بیچاره می‌شود، چون که او به کارهای زشت و ناپسند فرمان میدهد...

سبأ ۲۱ - ۲۰: شیطان حرفش را درباره گمراه کردنشان به کرسی نشاند و جز عده‌ای مومن همگی دنباله روی او شدند. او بر آنها مسلط شد، آن هم به اختیار خودشان تا آنهایی را که آخرت را باور دارند متمایز کنیم از آنهایی که درباره آن تردید دارند. آخر خدا مراقب همه چیز هست.

فاطر ۶ - ۵: مردم، وعده خدا حق است، مبادا زندگی دنیا و زرق و برقش گولتان بزند. مبادا شیطان با وعده آمرزش گولتان بزند شیطان دشمن شماست، شما هم او را دشمن خودتان بدانید. آخر او دنباله‌روها و دوستانش را دعوت می‌کند تا جزء جهنمی‌ها باشند.

یس ۶۱ - ۶۰:.... به گناه کارها می‌گویند: «از صف خوبان جدا بشوید، فرزندان آدم مگر سفارشتان نکردم از شیطان اطاعت نکنید که او دشمن علنی شماست؟ و اینکه فقط از من اطاعت کنید که راه درست همین است قطعا شیطان جمعیت زیادی از شما را گمراه کرد. پس چرا عقل‌تان را به کار نمی‌انداختید.»

فصل ۲

هوای نفس دشمن انسان است.

«از نفس (اماره) پیروی نکن که
تو را از راه خدا بیرون کند.»

(سوره ص آیه ۲۶)

دومین دشمن انسان نفس امّاره است که انسان را ترغیب به اعمال گناه آلود و معصیت می‌کند و او را به طرف شهوت حیوانی و ضد انسان رهنمون می‌کند و اگر انسان در مقابل آن ضعف نشان دهد به ورطه سقوط و نابودی کشیده می‌شود، مگر این که توبه کند و کارهای نیک انجام دهد که البته خداوند درب توبه را برای انسان باز گذارده است.

انسان می‌تواند با توبه از شر شیطان و از شر نفس امّاره خود دوباره به سوی خدا و اعمال نیک بازگردد و نجات یابد. چنان چه می‌فرماید: « کسانی که مرتکب گناه شدند، آنگاه توبه کردند و ایمان آوردند قطعاً پروردگار تو پس از آن آمرزنده و مهربان است.[۱] »

---

۱. اعراف ۱۵۳

تبعیّت از نفس اماره انسان را گرفتار یک نوع بیماری روحی و اخلاقی می‌کند. بیماری‌های روحی و اخلاقی انسان شباهت زیادی به بیماری‌های جسمی او دارد، هر دو کشنده است و هر دو نیاز به طبیب و درمان و پرهیز دارد. هر دو گاهی سبب سرایت به دیگران می‌شود و باید ریشه یابی شوند و سپس درمان گردند .و به مرحله‌ای می‌رسند که غیر قابل علاج‌اند .

قرآن نسخه شفابخشی است برای برطرف ساختن ضعف‌ها و زبان‌ها و ترس‌های بی‌دلیل، اختلاف‌ها و پراکندگی‌ها. در سوره یونس آیه ۵۷ می‌فرماید: «از سوی پروردگارتان اندرز و شفای دلها نازل شد. » و در سوره فصّلت آیه ۴۴ میفرماید: « بگو این قرآن برای مومنان مایه هدایت و شفا است.»

حضرت علی علیه السلام در نهج البلاغه خطبه ۱۷۴ می‌فرماید: « از این کتاب آسمانی برای بیماریهای خود شفا بخواهید و برای حل مشکلاتتان از آن یاری بطلبید چرا که در این کتاب درمان بزرگترین دردها است. درد کفر و نفاق و گمراهی و ضلالت. »

در مورد پیروی از هوای نفسانی خداوند در قرآن می‌فرماید:

سوره ص ۲۶: «پس میان مردم به حق داوری کن و از هوس پیروی مکن که تو را خدا بیرون کند.»

نساء ۱۳۶: می‌فرماید: «... پس پی هوس نروید که در نتیجه از حق عدول کنید و اگر به انحراف گرایید یا اعراض کنید قطعا خدا به آنچه انجام می‌دهید آگاه است.»

و در سوره والشمس خداوند بعد از چهارده قسم می‌فرماید: «راستی و رستگاری برای کسی است که نفسش را پاک کند [1]»

۱. الشمس ۹

فصل ۳

دنیا طلبی دشمن است.

> «زندگی دنیا فقط بازیچه و سرگرمی است و سرای آخرت برای کسانی که مراقب رفتارشان باشند بهتر است.»
>
> (انعام ۳۲)

عشق به دنیا و زرق و برق آن، عشق به وابستگی به مال اندوزی، عشق ریاست طلبی و قدرت و منیّت همه عامل سقوط انسان است.

از دنیا برای ساختن هرچه بهتر زندگی جاوید بایستی بهره گیری کرد. در سال‌های پایانی حضور پیامبر اکرم ﷺ در مکه سران شرک که خود را در اوج قدرت می‌دیدند می‌پنداشتند که بر آیین نو پای اسلام فائق آمده‌اند.

جرات بیشتری پیدا کرده بودند، و با حالت تکبّر و غرور وعده‌های هشدار دهنده پیامبر ﷺ را تمسخر کرده و می‌گفتند چگونه ممکن است روزی فرا رسد

که خداوند افراد فقیری مانند مسلمانان را که هیچ جایگاه اجتماعی ندارند بر ما ترجیح دهد و ما را خوار و ذلیل کرده و آنها را از عزت و سروری بخشد و آیا با عقل سازگار است که روزی استخوان‌های پوسیده ما دوباره جمع آوری شده و تبدیل به انسان شود ؟

و دچار قهر و عذاب الهی گردیم ؟ در سوره نازعات خداوند می‌فرماید: با سوگند به فرشتگانی که مامور اجرای فرمان الهی هستند یادآور می‌شود که خداوند هرچه را اراده کند به وسیله ماموران خود انجام می‌دهد و می‌تواند روز قیامت را برپا کرده و دشمنان دین و انسانیت را به ذلّت و حقارت بکشاند و **در پایان سوره عبس ۴۲ و ۴۳ خداوند به ترسیم سرانجام ذلّت بار کافران گناهکاری که به بندگی خدا و آیین او پشت کرده و خود را از همه برتر می‌دیدند می‌پردازد و دو تابلو از ناتوانی و ذلّت انسان‌های مغرور و دنیا طلب و حق ستیز را ترسیم می‌کند:** یکی در زمان برخاستن انسان‌ها از خاک و دمیده شدن در صور و دیگری در هنگام برپایی دادگاه عدل الهی که در آن روز اهل دوزخ به خاطر کفرشان دچار تاریکی روح هستند و از نور حق محروم‌اند و به خاطر گناهانی که مرتکب شده‌اند و ظلم‌هایی که نموده‌اند در آخرت به تنگی و مضیغه مبتلا می‌شوند و اثر سختی و فشار وجود آنان را فرا می‌گیرد.

بقره ۱۰ - ۸: بعضی مردم به زبان می‌گویند « خدا و روز قیامت را باور داریم » در حالی که اصلاً باور ندارند. به خیال خودشان میخواهند خدا و مومنان را گول بزنند ولی بی‌آنکه بفهمند دارند خودشان را گول می‌زنند.

دل‌هایشان دیگر مریض شده. خدا هم مریضی‌شان را بیشتر کرده و می‌کند و در نتیجه این همه دروغگویی گرفتار عذابی زنجر آور میشوند.

بقره ۱۳ - ۱۱: وقتی به آنها می‌گویند در جامعه خراب کاری نکنید جواب می‌دهند ما مشغول اصلاح جامعه هستیم و بس. بدانید خرابکارهای واقعی همان هایند ولی نمی‌فهمند .وقتی به آنها پیشنهاد می‌کنند « آنطور که مردم اسلام آورده‌اند، شما هم اسلام بیاورید جواب می‌دهند » یعنی همان طور که احمق‌ها اسلام آورده‌اند اسلام بیاوریم ؟» بدانید که احمق‌های واقعی همان هایند ولی خودشان نمی‌دانند .

بقره ۱۶: آنها کسانی هستند که گمراه را به قیمت از دست دادن هدایت خریده اند. بنابراین چنین تجارتی سودی برایشان ندارد و کسی هم دستشان را نمیگیرد.

بقره ۲۰۶ - ۲۰۴: لابه لای مردم منافق‌هایی هستند که از ظاهر و محتوای حرف هایشان درباره زندگی خوب در دنیا خوشت می‌آید .تازه خدا را بر هر چیزی که در دل دارند شاهد می‌گیرند، اتفاقاً آنها دشمن سرسخت اسلام‌اند. وقتی به مقام و منصبی برسند همه تلاششان را به کار می‌بندند تا در جامعه هرج و مرج راه بیندازندو کشاورزی و دامداری و نسل بشر را به نابودی بکشاند البته خدا هرج و مرج را دوست ندارد، وقتی به آنها بگویند: « بترسید از خدا و دست بردارید از این کارها، غرور بی‌جا باعث سهل انگاری‌شان می‌شود، پس حق‌شان همان جهنم است و آن بد جایی است. »

انعام ۳۲: زندگی دنیا فقط بازیچه و سرگرمی است و سرای آخرت برای کسانی که مراقب رفتارشان باشند بهتر است. پس چرا عقلتان را به کار نمی‌اندازید.

انعام ۳۹: کسانی که آیه‌ها و نشانه‌های ما را دروغ میدانند، کر و لال‌هایی هستند در تاریکی نادانی و گمراهی، خدا هر که را نالایق بداند به حال خودش رهایش می‌کند و هرکه را لایق بداند در راه درست زندگی می‌گذارد.

انعام ۴۹ - ۴۸: پیامبران را مژده رسان و هشداردهنده فرستادیم، آنانی که ایمان بیاورند و رفتارشان را اصلاح کنند، نه ترسی بر آنها غلبه می‌کند و نه غصه می‌خورند ولی کسانی که آیه‌ها و نشانه‌های ما را دروغ بدانند، به سزای همین نافرمانی عذاب دامن گیرشان می‌شود .

انبیاء ۹۷: وقتی عده تخلف ناپذیر قیامت نزدیک بشود، ناگهان چشمان جماعت بی‌دین خیره می‌شود. در حالیکه می‌گویند: **«ای وای بر ما که از چنین روزی حسابی غافل بودیم نه از آن بدتر با سرگرم شدن به دنیا خودمان را به نفهمی زده بودیم بله این است نتیجه سرگرم شدن به لذّات دنیا.»**

فلق ۵ - ۱: بگو پناه میبرم به صاحب بامداد، از شرّ هر چه او به آن جان داد، از شر شب وقتی همه جا را بپوشاند، از شهر هرجادوگری که در گره‌ها بِدمَد و از شر حسود وقتی حسادتش گل کند.

الناس ۶ - ۱: بگو پناه میبرم به صاحب اختیار مردم، فرمانروای مردم، معبود مردم، از شرّ وسوسه پنهان، همان که وسوسه می‌کند در دل مردم از جنیّان باشد یا آدمیان.

با توکل به خدای عزوجل بخش‌های دیگر را در جلد دوم مطالعه فرمایید.

و من الله توفیق

منابع

۱ - صحیفه سجادیه ترجمه محی الدین مهدی الهی قمشه ای

۲ - تفسیر المیزان علامه طباطبایی

۳ - تفسیر نور حاج شیخ محسن قرائتی

۴ - تسنیم تفسیر قرآن آیت الله جوادی آملی

۵ - قوانین تکامل اخلاقی جلد ۱ لیلی اروجی

با استفاده از ترجمه قرآن کریم:

ترجمه تفسیری و پیام رسان از استاد علی ملکی

برای تهیه جلد دوم کتاب سرچشمه معرفت می توانید کد زیر را اسکن کنید

I0369778

آثار دیگری از این نویسنده

Kidsocado Publishing House
خانه انتشارات کیدزوکادو
ونکوور، کانادا

تلفن : ۸۶۵۴ ۶۳۳ (۸۳۳) ۱+
واتس آپ: ۷۲۴۸ ۳۳۳ (۲۳۶) ۱ +
ایمیل: info@kidsocado.com
وبسایت انتشارات: https://kidsocadopublishinghouse.com
وبسایت فروشگاه: https://kphclub.com